이화 한국어

이화 한국어 Workbook 3-1

지은이 구재희 · 현진희 · 이소영 · 황선영 · 김민선

펴낸날 1판 1쇄 2011년 9월 14일
8쇄 2022년 11월 25일

펴낸이 주소현 **펴낸곳** 이화여자대학교출판문화원
주소 서울특별시 서대문구 이화여대길 52(우 03760) **등록** 1954년 7월 6일 제9-61호
전화 02) 3277-2965(편집), 02) 362-6076(마케팅)
팩스 02) 312-4312 **전자우편** press@ewha.ac.kr **홈페이지** www.ewhapress.com

책임편집 이혜지, 민지영 **디자인** design **Vita** **일러스트** 이지영

ISBN 978-89-7300-931-2 14710
978-89-7300-875-9 (세트)
값 10,000원

* 잘못된 책은 구입처에서 바꾸어 드립니다.

이화여자대학교 언어교육원
Ewha Womans University
Ewha Language Center

이화 한국어

구재희 · 현진희 · 이소영 · 황선영 · 김민선 지음

Workbook 3-1

KOREAN

Ewha

책을 펴내면서

이화여자대학교 언어교육원은 국내 최초의 의사소통 중심 교재 『말이 트이는 한국어(Pathfinder in Korean)』를 발간한 지 12년 만에 새로운 의사소통 중심 교재 『이화 한국어(Ewha Korean)』를 발간하게 되었습니다. 지난 10여 년 동안 『말이 트이는 한국어(Pathfinder in Korean)』는 세계 각국에서 한국어 교재로 널리 사용되어 왔으며 현재까지도 외국인들에게 한국어 학습의 좋은 길잡이가 되고 있습니다. 그러나 새로운 시대 흐름에 맞춘 교재 집필이 필요하다고 생각되어 언어교육원에서는 2008년부터 『이화 한국어(Ewha Korean)』 개발에 착수하였으며, 교육과학기술부의 '2009 한국어 연수 프로그램 지원사업'에 선정되어 교재 개발에 박차를 가할 수 있게 되었습니다. 그리고 지난 일 년 간 언어교육원 한국어 과정에서 몇 차례의 시험 사용, 수정 작업을 거쳐 발간하기에 이르렀습니다. 『이화 한국어(Ewha Korean)』 시리즈는 1급에서 6급까지 총 30권의 교재와 연습서로 구성되며, 앞으로 단계적으로 발간될 예정입니다.

『이화 한국어(Ewha Korean)』는 말하기 · 듣기 · 읽기 · 쓰기의 통합 교재이며 초급부터 고급까지 연계적으로 구성되어 있습니다. 이 교재는 네 가지 언어 기능의 균형 있는 발전을 유도하면서도 특히 말하기 능력을 강화하도록 고안된 것이 특징입니다. 말하기 연습을 유도하는 장치로 'Try it'을 활용하였는데 이것은 외국인 학습자가 주도적으로 대화를 이끌어 갈 수 있도록 담화 순서와 문장의 핵심어를 담은 것입니다. 이 장치를 따라 말하기 연습을 함으로써 학습자는 단순 암기 방식에서 벗어나서 주도적으로 대화를 이끌어 가는 능력을 기를 수 있을 것입니다. 또한 최근 학습자 성향과 편의를 고려하여 1~3급은 교재를 두 권으로 구성하였으며, 1급과 2급은 영어, 일본어, 혹은 중국어(간체, 번체)로 설명을 넣는 등 세밀하게 학습자 요구를 반영하고자 하였습니다.

이화여자대학교 언어교육원을 대표하여, 『이화 한국어(Ewha Korean)』가 출간되기까지 이 책의 저자들이 쏟은 열정과 노고에 대해서 깊은 감사를 드립니다. 또한 내용 구성에 많은 조언을 해 주신 이해영, 김영규, 최형용, 박선희 교수님께 감사의 말씀을 드리며, 문학 부분에 조언을 해 주신 김현자 교수님께도 감사의 말씀을 드립니다. 또한 편집과 출판을 맡아 주신 이화여자대학교출판문화원에도 고마움을 전합니다.

앞으로 『이화 한국어(Ewha Korean)』가 국내외에서 한국어 교재로 널리 활용되어 한국어를 쉽고 재미있고 효과적으로 교수 · 학습하는 데 기여하기를 기대합니다.

2010년 6월
이화여자대학교 언어교육원
원장 양 혜 순

차례

Workbook 구성표

단원	제목	내용	
		어휘	준비합시다
1	유학 생활	유학 생활 관련 어휘 -답다	-(으)ㄹ까 봐(서) -게 -아/어야 -(으)ㄹ 수도 있다
2	감정	감정 표현 마음 관련 표현	-아/어 보이다 -는 것보다 -는 게 낫다 -기는 하지만 -던데요
3	여가 생활	여가 생활 관련 어휘 시간 관련 표현	-지그래요 -(으)ㄹ 뿐(만) 아니라 -(으)ㄴ/는 줄 알다/모르다 -(으)ㄹ 때마다
4	건강과 생활	건강 관련 어휘 -아/어하다	사동사 (이)든지 -아/어도 -게 하다
5	도시	도시 관련 어휘 -적	-(으)ㄴ/는 반면(에) 만큼 -(으)ㄹ걸요 -(으)ㄹ 만하다
6	소식과 정보	소식 관련 어휘 덧-	-ㄴ/는다고 하다 -냐고 하다 -자고 하다, -(으)라고 하다 -ㄴ/는다면서요
7	남자와 여자	불평 관련 어휘 -스럽다	-는 바람에 (이)라도 -(으)ㄹ 텐데 -아/어 버리다

내용		
말해 봅시다	**읽어 봅시다**	**써 봅시다**
한국어 도우미와 인사 나누기 체육관 이용 방법 문의하기 표현 상대방 확인하기 공감하기 방문 인사하기 신청 방법 묻기	유학 생활 정보의 글 읽기 홈페이지 공고 읽기	인터뷰 기사의 글 쓰기
우울해 보이는 친구 위로하고 조언하기 좋아하는 음악에 대해 말하기 표현 우울해 보이는 친구 안부 묻기 느낌 강조해서 말하기 기분 전환 방법 비교해서 조언하기 상대방의 지나친 행동에 대한 불만 말하기	경험담 읽기 잡지에 실린 광고 읽기	노래를 신청하는 사연의 글 쓰기
여가 활동 추천하기 공연 준비 상황 확인하기 표현 친구에게 어울리는 활동 추천하기 완곡하게 거절하기 놀라면서 되묻기 사과하고 다짐하기	여행 감상문 읽기 게시판 글 읽기	회원 모집을 위한 광고의 글 쓰기
이웃에게 강아지 부탁하기 가족의 건강 상담하기 표현 안심시키기 감사 인사에 답하기 식습관의 중요성 말하기 성인병의 위험에 대해 말하기	건강 정보의 글 읽기 애완동물에 대한 블로그(blog) 글 읽기	건강 문제의 해결 방법에 대한 설명의 글 쓰기
취업 고민 말하기 한국에서 가 볼 만한 곳 추천하기 표현 상대방 의견 인정하고 다른 의견 말하기 질문에 추측해서 답하기 직장 결정에 대해 조심스럽게 조언하기 고민 말하기	여행 경험에 대한 글 읽기 지역 축제 광고 포스터 읽기	여행지 소개의 글 쓰기
친구에게 소식 전달하기 홈페이지 공고 보고 정보 전달하기 표현 당연히 참석한다고 말하기 동의하기 들은 말 확인하기 상대의 제안에 자신도 그런 계획이 있었음을 말하기	신문 기사 읽기 설문 조사 결과 자료 읽기	도움을 요청하는 편지의 글 쓰기
잘못에 대해 변명하기 이성 문제에 대해 조언하기 표현 부인하기 화난 기분 말하기 잘못에 대해 변명하기 화해 조언하기	이성 문제에 대한 상담의 글 읽기 청첩장 읽기	남녀의 쇼핑 방법 차이에 대한 설명의 글 쓰기

Workbook 구성과 사용법

- 『이화 한국어 Workbook 3-1』, 『이화 한국어 Workbook 3-2』는 『이화 한국어 3-1』, 『이화 한국어 3-2』에 맞춰 개발된 연습서입니다. 이 연습서는 교재 내용에 대해 보충 학습, 심화 학습이 가능하도록 설계하였으며, 교실 내 수업과 개인 학습에서 모두 사용할 수 있도록 개발하였습니다.
- 『이화 한국어 Workbook 3-1』, 『이화 한국어 Workbook 3-2』는 교재 구성에 맞춰 **어휘** ⇨ **준비합시다** ⇨ **말해 봅시다** ⇨ **읽어 봅시다** ⇨ **써 봅시다**로 구성하였습니다.

어휘 단원의 주요 어휘에 대한 연습입니다. 이 부분에서 다룬 어휘들은 단원의 필수 어휘이므로 반드시 학습자가 기억해야 하는 내용들입니다.

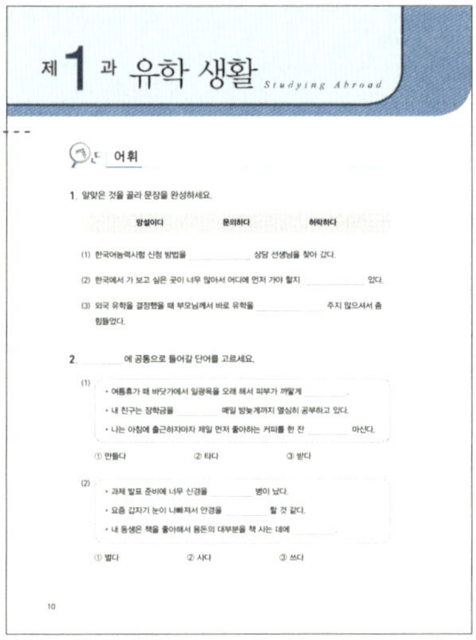

제 1 과 유학 생활 Studying Abroad

어휘

1. 알맞은 것을 골라 문장을 완성하세요.

망설이다 문의하다 허락하다

(1) 한국어능력시험 신청 방법을 ________ 상담 선생님을 찾아 갔다.

(2) 한국에서 가 보고 싶은 곳이 너무 많아서 어디에 먼저 가야 할지 ________ 있다.

(3) 외국 유학을 결정했을 때 부모님께서 바로 유학을 ________ 주지 않으셔서 좀 힘들었다.

2. ________ 에 공통으로 들어갈 단어를 고르세요.

(1)
- 여름휴가 때 바닷가에서 일광욕을 오래 해서 피부가 까맣게 ________.
- 내 친구는 장학금을 ________ 매일 밤늦게까지 열심히 공부하고 있다.
- 나는 아침에 출근하자마자 제일 먼저 좋아하는 커피를 한 잔 ________ 마신다.

① 만들다 ② 타다 ③ 받다

(2)
- 과제 발표 준비에 너무 신경을 ________ 병이 났다.
- 요즘 갑자기 눈이 나빠져서 안경을 ________ 할 것 같다.
- 내 동생은 책을 좋아해서 용돈의 대부분을 책 사는 데에 ________.

① 벌다 ② 사다 ③ 쓰다

10

준비합시다 단원의 문법 항목에 대해 1~2개의 연습을 제시하여 정확한 문법 사용 능력을 기를 수 있도록 설계하였습니다. 이 부분에서 다룬 연습 문제는 교재의 문법 학습 시에 함께 사용할 수 있으며, 학습자 스스로 복습 자료로 사용할 수도 있습니다.

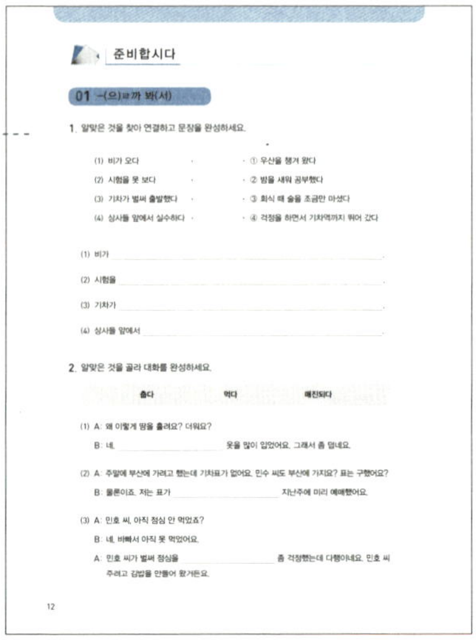

준비합시다

01 -(으)ㄹ까 봐(서)

1. 알맞은 것을 찾아 연결하고 문장을 완성하세요.

(1) 비가 오다 · · ① 우산을 챙겨 왔다
(2) 시험을 못 보다 · · ② 밤을 새워 공부했다
(3) 기차가 벌써 출발했다 · · ③ 회식 때 술을 조금만 마셨다
(4) 상사들 앞에서 실수하다 · · ④ 걱정을 하면서 기차역까지 뛰어 갔다

(1) 비가 ________.
(2) 시험을 ________.
(3) 기차가 ________.
(4) 상사들 앞에서 ________.

2. 알맞은 것을 골라 대화를 완성하세요.

춥다 먹다 매진되다

(1) A: 왜 이렇게 땀을 흘려요? 더워요?
B: 네. ________ 옷을 많이 입었어요. 그래서 좀 덥네요.

(2) A: 주말에 부산에 가려고 했는데 기차표가 없어요. 민수 씨도 부산에 가지요? 표는 구했어요?
B: 물론이죠. 저는 표가 ________ 지난주에 미리 예매했어요.

(3) A: 민호 씨, 아직 점심 안 먹었죠?
B: 네, 바빠서 아직 못 먹었어요.
A: 민호 씨가 벌써 점심을 ________ 좀 걱정했는데 다행이네요. 민호 씨 주려고 김밥을 만들어 왔거든요.

12

말해 봅시다 단원의 Part 1, 2에서 다룬 표현(기능 표현)과 말하기 과제를 연습하는 부분입니다. 워크북의 대화는 교재의 말하기 과제와 상황은 유사하지만 내용이 일부 변형되어 있으므로 교재 학습 후에 추가 자료로 사용할 수 있습니다. 변형된 말하기 대화를 읽고 표현과 내용 이해를 점검할 수 있는 연습 문제도 포함되어 있습니다.

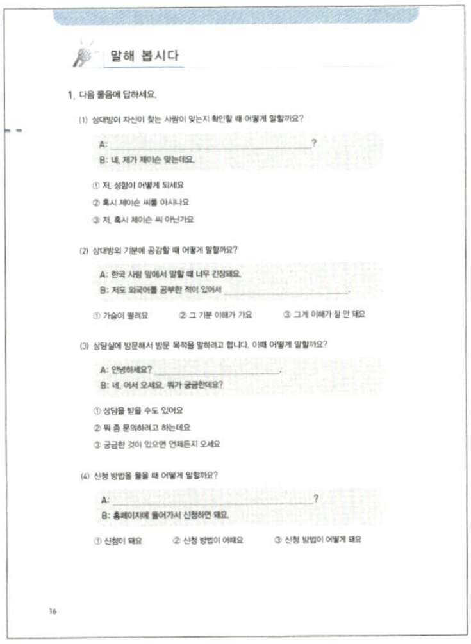

말해 봅시다

1. 다음 물음에 답하세요.

(1) 상대방이 자신이 찾는 사람이 맞는지 확인할 때 어떻게 말할까요?

A: ____________________?
B: 네, 제가 제이슨 맞는데요.

① 저, 성함이 어떻게 되세요
② 혹시 제이슨 씨를 아시나요
③ 저, 혹시 제이슨 씨 아닌가요

(2) 상대방의 기분에 공감할 때 어떻게 말할까요?

A: 한국 사람 앞에서 말할 때 너무 긴장돼요.
B: 저도 외국어를 공부한 적이 있어서 ____________________.

① 가슴이 떨려요 ② 그 기분 이해가 가요 ③ 그게 이해가 잘 안 돼요

(3) 상담실에 방문해서 방문 목적을 말하려고 합니다. 이때 어떻게 말할까요?

A: 안녕하세요? ____________________.
B: 네, 어서 오세요. 뭐가 궁금한데요?

① 상담을 받을 수도 있어요
② 뭐 좀 문의하려고 하는데요
③ 궁금한 것이 있으면 언제든지 오세요

(4) 신청 방법을 물을 때 어떻게 말할까요?

A: ____________________?
B: 홈페이지에 들어가서 신청하면 돼요.

① 신청이 돼요 ② 신청 방법이 어때요 ③ 신청 방법이 어떻게 돼요

16

읽어 봅시다 단원 주제와 관련된 내용의 읽기 2개를 제시하였습니다. 첫 번째 '읽기'는 학습자가 다양한 유형의 글을 접할 수 있도록 단원의 읽기와는 다른 유형의 글을 제시하였습니다. 두 번째 '읽기'는 생활에서 흔히 접할 수 있는 실제 자료를 제시하였습니다.

읽어 봅시다

1. 다음은 외국인 유학생이 블로그에 올린 글입니다. 읽고 물음에 답하세요.

한국에서 휴대 전화 개통하기

신입생 여러분, 유학 생활에 적응하기가 쉽지 않지요? 저는 처음 유학 생활을 시작할 때 휴대 전화를 개통하고 대중교통을 이용하는 게 힘들었던 것 같아요. 그래서 여러분이 좀 더 쉽게 유학 생활을 할 수 있게 여러 가지 생활 정보를 제 블로그에 하나씩 올리려고 합니다. 오늘은 휴대 전화를 개통하는 방법에 대해 안내해 드리겠습니다.

외국인이 한국에서 휴대 전화를 개통하는 것은 좀 까다롭습니다. 먼저 외국인 등록증이 있어야 휴대 전화를 개통할 수 있습니다. 그러니까 휴대 전화를 개통하려면 먼저 외국인 등록증을 발급받으세요. 그리고 은행에 가서 통장을 만드세요. 휴대 전화를 개통할 때 통신 회사에 따라 보증금을 내야 할 수도 있습니다. 당황하지 않게 이런 정보를 미리 알아보고 가는 것이 좋습니다. 혹시 한국어를 못해서 의사소통에 문제가 생길까 봐 걱정하는 분들도 있겠지요? 너무 걱정하지 마세요. 요즘은 한국에 사는 외국인들이 많아서 외국인을 위한 상담 직원이 있는 매장도 있습니다. 한국어에 자신이 없으면 이런 곳을 찾아서 가면 됩니다.

이제 어떻게 휴대 전화를 개통할 수 있는지 아시겠지요? 다음에는 은행에 가서 통장을 만드는 방법에 대해 안내해 드리겠습니다.

(1) 무엇에 대한 글입니까?
① 신입생 환영의 글
② 유학 생활 정보의 글
③ 휴대 전화 광고의 글

(2) 글의 내용과 같은 것은 무엇입니까?
① 한국어를 모르면 휴대 전화를 개통할 수 없다.
② 이 사람은 휴대 전화 회사 홈페이지에 이 글을 올렸다.
③ 한국에서 외국인이 휴대 전화를 개통하는 것은 좀 복잡하다.

제1과 유학 생활 19

써 봅시다 단원의 주제와 관련된 내용의 쓰기 과제를 제시하였습니다. 학습자의 부담을 줄여 주고자 정보를 제공하고 그것을 참고로 글을 쓸 수 있도록 구성하였습니다. '정답' 부분에 모범글을 제시하였으므로 학습자 스스로 확인 학습이 가능할 것입니다.

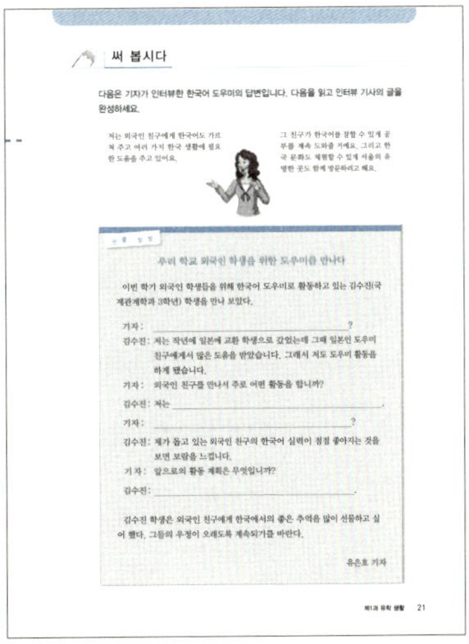

써 봅시다

다음은 기자가 인터뷰한 한국어 도우미의 답변입니다. 다음을 읽고 인터뷰 기사의 글을 완성하세요.

저는 외국인 친구에게 한국어도 가르쳐 주고 여러 가지 한국 생활에 필요한 도움을 주고 있어요.

그 친구가 한국어를 잘할 수 있게 공부를 계속 도와줄 거예요. 그리고 한국 문화도 체험할 수 있게 서울의 유명한 곳도 함께 방문하려고 해요.

우리 학교 외국인 학생을 위한 도우미를 만나다

이번 학기 외국인 학생들을 위해 한국어 도우미로 활동하고 있는 김수진(국제관계학과 3학년) 학생을 만나 보았다.

기자: ____________________?
김수진: 저는 작년에 일본에 교환 학생으로 갔었는데 그때 일본인 도우미 친구에게서 많은 도움을 받았습니다. 그래서 저도 도우미 활동을 하게 됐습니다.
기자: 외국인 친구를 만나서 주로 어떤 활동을 합니까?
김수진: 저는 ____________________.
기자: ____________________?
김수진: 제가 돕고 있는 외국인 친구의 한국어 실력이 점점 좋아지는 것을 보면 보람을 느낍니다.
기자: 앞으로의 활동 계획은 무엇입니까?
김수진: ____________________.

김수진 학생은 외국인 친구에게 한국에서의 좋은 추억을 많이 선물하고 싶어 했다. 그들의 우정이 오래도록 계속되기를 바란다.

유은호 기자

제1과 유학 생활 21

제 1 과 유학 생활 *Studying Abroad*

어휘

1. 알맞은 것을 골라 문장을 완성하세요.

망설이다	문의하다	허락하다

(1) 한국어능력시험 신청 방법을 ____________ 상담 선생님을 찾아 갔다.

(2) 한국에서 가 보고 싶은 곳이 너무 많아서 어디에 먼저 가야 할지 ____________ 있다.

(3) 외국 유학을 결정했을 때 부모님께서 바로 유학을 ____________ 주지 않으셔서 좀 힘들었다.

2. ________에 공통으로 들어갈 단어를 고르세요.

(1)

- 여름휴가 때 바닷가에서 일광욕을 오래 해서 피부가 까맣게 ________.
- 내 친구는 장학금을 ________ 매일 밤늦게까지 열심히 공부하고 있다.
- 나는 아침에 출근하자마자 제일 먼저 좋아하는 커피를 한 잔 ________ 마신다.

① 만들다　　② 타다　　③ 받다

(2)

- 과제 발표 준비에 너무 신경을 ________ 병이 났다.
- 요즘 갑자기 눈이 나빠져서 안경을 ________ 할 것 같다.
- 내 동생은 책을 좋아해서 용돈의 대부분을 책 사는 데에 ________.

① 벌다　　② 사다　　③ 쓰다

3. 알맞은 것을 골라 대화를 완성하세요.

점점	혹시	제대로	마침내

(1) A: 요즘 날씨가 ________________ 추워지고 있네요.

B: 맞아요. 그래서 감기 환자들이 많아진 것 같아요.

(2) A: 전자사전이 고장 나서 예습을 ________________ 할 수 없었어요.

B: 그래요. 사전이 없으면 단어의 뜻을 찾을 수 없으니까 내용을 이해하기가 어렵지요.

(3) A: 그동안 입사 시험에 여러 번 떨어졌었는데 ________________ 취직이 됐어요.

B: 잘됐네요. 정말 열심히 노력했는데 취직이 됐군요. 축하해요.

(4) A: 이번 일에 많은 도움을 주셔서 정말 감사합니다.

B: 아니에요. ________________ 도움이 더 필요하면 언제든지 얘기하세요.

4. 알맞은 것을 골라 대화를 완성하세요.

너답다	아이답다	학생답다	숙녀답다

(1) A: 언니, 나도 언니처럼 보라색으로 머리 색깔을 바꾸고 싶어.

B: 아유, 고등학생이 염색을 하면 어떻게 해? 학생이면 ________________ 하고 다녀.

(2) A: 엄마, 저 친구 좀 만나고 올게요.

B: 너도 이제 스무 살 아가씨인데 옷이 그게 뭐니? 좀 ________________ 입어.

(3) A: 저 아이는 부모님이 맞벌이를 해서 그런지 ________________ 않은 것 같아요.

B: 그렇지요? 아직 어리지만 동생들을 부모같이 돌보는 것 좀 보세요.

(4) A: 미안해. 내가 많이 늦었지?

B: 무슨 일 있었어? 항상 약속을 잘 지키던 네가 오늘은 약속 시간에 1시간이나 늦고.

정말 ________________ 않아.

준비합시다

01 -(으)ㄹ까 봐(서)

1. 알맞은 것을 찾아 연결하고 문장을 완성하세요.

(1) 비가 오다 ·	· ① 우산을 챙겨 왔다
(2) 시험을 못 보다 ·	· ② 밤을 새워 공부했다
(3) 기차가 벌써 출발했다 ·	· ③ 회식 때 술을 조금만 마셨다
(4) 상사들 앞에서 실수하다 ·	· ④ 걱정을 하면서 기차역까지 뛰어 갔다

(1) 비가 ______________________________.

(2) 시험을 ______________________________.

(3) 기차가 ______________________________.

(4) 상사들 앞에서 ______________________________.

2. 알맞은 것을 골라 대화를 완성하세요.

춥다	먹다	매진되다

(1) A: 왜 이렇게 땀을 흘려요? 더워요?

B: 네. ____________________ 옷을 많이 입었어요. 그래서 좀 덥네요.

(2) A: 주말에 부산에 가려고 했는데 기차표가 없어요. 민수 씨도 부산에 가지요? 표는 구했어요?

B: 물론이죠. 저는 표가 ____________________ 지난주에 미리 예매했어요.

(3) A: 민호 씨, 아직 점심 안 먹었죠?

B: 네, 바빠서 아직 못 먹었어요.

A: 민호 씨가 벌써 점심을 ____________________ 좀 걱정했는데 다행이네요. 민호 씨 주려고 김밥을 만들어 왔거든요.

02 -게

1. 알맞은 것을 찾아 연결하고 문장을 완성하세요.

(1) 차가 지나가다 ·	· ① 조용히 말하다
(2) 아기가 깨지 않다 ·	· ② 옆으로 비키다
(3) 발표 때 실수하지 않다 ·	· ③ 소리를 크게 하다
(4) 라디오를 모두 다 함께 듣다 ·	· ④ 발표 준비를 철저히 하다

(1) 차가 ______________________________.

(2) 아이가 ______________________________.

(3) 발표 때 ______________________________.

(4) 라디오를 ______________________________.

2. 알맞은 것을 골라 대화를 완성하세요.

먹다	확인하다	잊어버리다

(1) A: 저는 단어를 외우는 게 너무 힘들어요. 흐엉 씨는 어떻게 단어를 외워요?

B: 매일 새로 배운 단어는 안 ______________ 10번씩 공책에 쓰면서 외워요.

(2) A: 와, 김치찌개 냄새가 정말 좋은데요. 그런데 외국인 친구들에게는 좀 맵지 않을까요?

B: 괜찮을 거예요. 매운 음식을 못 먹는 외국인 친구들도 ______________ 안 맵게 끓였어요.

(3) A: 민호야, 뭐 해? 인터넷으로 할 일이 많아?

B: 아니, 그냥 심심해서 보고 있는 거야.

A: 그래? 그럼 미안한데 메일 좀 ______________ 노트북 좀 빌려 줄래? 중요한 메일을 기다리고 있거든.

03 -아/어야

1. 알맞은 것을 찾아 연결하고 문장을 완성하세요.

(1) 여권이 있다 ·	· ① 약을 살 수 있다
(2) 보증금을 내다 ·	· ② 원룸을 얻을 수 있다
(3) 요리사 자격증을 따다 ·	· ③ 해외여행을 할 수 있다
(4) 병원에서 처방전을 받다 ·	· ④ 요리사로 일할 수 있다

(1) 여권이 ______________________________.

(2) 보증금을 ______________________________.

(3) 요리사 자격증을 ______________________________.

(4) 병원에서 ______________________________.

2. 알맞은 것을 골라 대화를 완성하세요.

있다 **쓰다** **예약하다** **가져가다**

(1) A: 제가 좀 급해서 그러는데요. 지금 바로 머리 좀 자를 수 있을까요?

B: 죄송합니다. 저희 미용실은 미리 ______________ 기다리지 않고 머리를 자를 수 있습니다.

(2) A: 어제 산 옷이 마음에 안 들어서 환불받고 싶은데 영수증이 없어졌어요. 환불이 될까요?

B: 글쎄요. 영수증이 ______________ 환불을 받을 수 있을 거예요.

(3) A: 외국인이 차를 빌리려면 뭐가 필요해요?

B: 국제 운전 면허증을 ______________ 차를 빌릴 수 있어요.

(4) A: 수영 모자를 안 쓰면 수영장에 못 들어가나요?

B: 네. 수영 모자를 ______________ 들어갈 수 있습니다.

04 -(으)ㄹ 수도 있다

1. 알맞은 것을 골라 대화를 완성하세요.

늦다	먹다	생기다	도착하다

(1) A: 길이 막히면 ____________________ 좀 일찍 출발하는 게 어때요?

B: 그래요. 그게 좋겠어요.

(2) A: 행사에 늦으면 안 되는데 길이 너무 막히네요. 먼저 출발한 김 과장은 도착했을까요?

B: 다른 길로 갔으면 벌써 ____________________ 전화해서 한번 물어보세요.

(3) A: 수영 강습은 등록이 마감됐습니다.

B: 그래요? 이번에 꼭 수영 강습을 받고 싶은데 방법이 없을까요?

A: 취소하는 사람이 ________________ 대기자 명단에 이름을 올려놓으시겠어요?

(4) A: 오늘 날씨도 더운데 학교 앞 '최고의 냉면집'에서 냉면이나 먹을까?

B: 그래, 좋아. 2시에 수업이 끝나는데 그때 가서 먹자.

A: 아니야. 그 식당은 냉면을 하루에 100그릇만 만들어서 팔잖아. 너무 늦게 가면 ______ ________________ 수업 전에 가자.

2. 알맞은 것을 골라 ◯표 하세요.

(1) A: 유키 씨, 우산 가져가세요.

B: 우산요? 왜요? 지금 비도 안 오는데요.

A: 오늘부터 장마가 시작돼서 (비가 올 수도 있어요, 비가 왔을 수도 있어요).

(2) A: 흐엉 씨가 이번 한국어능력시험을 잘 봤을까요?

B: 글쎄요. 이번 시험에 어려운 단어가 많이 나와서 흐엉 씨에게 좀 (어려울 수도 있어요, 어려웠을 수도 있어요).

(3) A: 제이슨 씨 집에 놀러 가고 싶은데 제이슨 씨가 집에 있을까요?

B: 휴일에는 보통 등산을 가니까 집에 (없을 수도 있어요, 없었을 수도 있어요).

말해 봅시다

1. 다음 물음에 답하세요.

(1) 상대방이 자신이 찾는 사람이 맞는지 확인할 때 어떻게 말할까요?

A: ______________________________?
B: 네, 제가 제이슨 맞는데요.

① 저, 성함이 어떻게 되세요

② 혹시 제이슨 씨를 아시나요

③ 저, 혹시 제이슨 씨 아닌가요

(2) 상대방의 기분에 공감할 때 어떻게 말할까요?

A: 한국 사람 앞에서 말할 때 너무 긴장돼요.
B: 저도 외국어를 공부한 적이 있어서 ____________________.

① 가슴이 떨려요 ② 그 기분 이해가 가요 ③ 그게 이해가 잘 안 돼요

(3) 상담실에 방문해서 방문 목적을 말하려고 합니다. 이때 어떻게 말할까요?

A: 안녕하세요? ____________________.
B: 네, 어서 오세요. 뭐가 궁금한데요?

① 상담을 받을 수도 있어요

② 뭐 좀 문의하려고 하는데요

③ 궁금한 것이 있으면 언제든지 오세요

(4) 신청 방법을 물을 때 어떻게 말할까요?

A: ______________________________?
B: 홈페이지에 들어가서 신청하면 돼요.

① 신청이 돼요 ② 신청 방법이 어때요 ③ 신청 방법이 어떻게 돼요

2. 다음 대화를 읽고 물음에 답하세요.

수진 안녕하세요? 실례지만 언어교육원 학생 유키 씨 아니세요?
유키 네, 제가 유키예요. 김수진 씨지요? 만나서 반가워요.
수진 네, 저도 반가워요. 유키 씨는 한국어 배운 지 오래됐어요?
유키 아니요. 반 년 정도밖에 안 됐어요. 그래서 부족한 게 많아요.
수진 뭘요. 발음도 정확하고 말도 자연스럽게 잘하는데요.
유키 고마워요. 그런데 문법은 정말 자신이 없어요. 아직도 한국 사람들과 이야기할 때는 ⓐ__________________.
수진 그래요. 저도 외국어를 공부한 적이 있어서 어떤 기분인지 알 것 같아요. 그런데 유키 씨는 저랑 뭘 공부하고 싶어요?
유키 요즘 유행하는 표현은 책에는 없잖아요. 그래서 그런 말을 이해할 수 있게 수진 씨가 가르쳐 주면 좋겠어요. 그리고 제가 말할 때 틀리는 문법이 있으면 그때그때 고쳐 주면 좋겠어요.
수진 좋아요. 자주 만나서 같이 공부해요. ⓑ__________________.
유키 정말 고마워요. 수진 씨랑 같이 공부하게 돼서 정말 기뻐요.

(1) ⓐ에 들어갈 말로 알맞지 **않은** 것은 무엇입니까?

① 문법이 틀릴까 봐 긴장이 많이 돼요

② 문법이 틀리지 않을까 해서 긴장하게 돼요

③ 문법이 틀리는 것은 별로 신경을 쓰지 않아요

(2) ⓑ에 들어갈 말로 알맞은 것은 무엇입니까?

① 잘 부탁합니다

② 많이 도와줄게요

③ 많이 도와주세요

(3) 대화의 내용과 **다른** 것은 무엇입니까?

① 유키와 수진은 오늘 처음 만났다.

② 수진은 유키의 한국어 공부를 도와줄 것이다.

③ 유키는 수진과 함께 문법과 발음 연습을 하고 싶어 한다.

3. 다음 대화를 읽고 물음에 답하세요.

마리 안녕하세요? 좀 여쭤 볼 게 있어서 왔는데요.

직원 네, 말씀하세요.

마리 다음 달부터 체육관에서 운동을 좀 하려고 하는데 이용 방법을 잘 몰라서요.

직원 저희 체육관을 이용하시려면 매월 마지막 주에 직접 체육관에 오셔서 등록하시면 돼요. 그런데 먼저 이용 요금을 납부해야 회원 등록을 할 수 있어요.

마리 아, 그렇군요. 그런데 제가 제대로 운동하는 방법을 잘 몰라서 좀 배우고 싶은데 어떻게 하면 될까요?

직원 선생님과 함께 운동을 배울 수 있는 개인 운동 프로그램이 있어요.

마리 그래요? 그 프로그램을 신청할 수 있나요?

직원 네. 하지만 신청자가 많으면 ⓐ일찍 마감될 수도 있어요. 그러니까 신청을 하시려면 ⓑ____________________.

마리 네, 알겠습니다. 감사합니다.

(1) 마리 씨는 지금 무엇을 하고 있습니까?

① 운동하는 방법을 문의하고 있다.

② 개인 운동 프로그램에서 운동하고 있다.

③ 체육관을 이용하는 방법을 문의하고 있다.

(2) ⓐ와 바꿔 쓸 수 있는 것은 무엇입니까?

① 일찍 마감될 것 같아요

② 가능하면 일찍 마감할 겁니다

③ 일찍 마감될 가능성도 있습니다

(3) ⓑ에 들어갈 말로 알맞은 것은 무엇입니까?

① 너무 서두르지 마세요

② 서둘러서 좋을 게 없지요

③ 서두르시는 게 좋을 거예요

읽어 봅시다

1. 다음은 외국인 유학생이 블로그에 올린 글입니다. 읽고 물음에 답하세요.

한국에서 휴대 전화 개통하기

신입생 여러분, 유학 생활에 적응하기가 쉽지 않지요? 저는 처음 유학 생활을 시작할 때 휴대 전화를 개통하고 대중교통을 이용하는 게 힘들었던 것 같아요. 그래서 여러분이 좀 더 쉽게 유학 생활을 할 수 있게 여러 가지 생활 정보를 제 블로그에 하나씩 올리려고 합니다. 오늘은 휴대 전화를 개통하는 방법에 대해 안내해 드리겠습니다.

외국인이 한국에서 휴대 전화를 개통하는 것은 좀 까다롭습니다. 먼저 외국인 등록증이 있어야 휴대 전화를 개통할 수 있습니다. 그러니까 휴대 전화를 개통하려면 먼저 외국인 등록증을 발급받으세요. 그리고 은행에 가서 통장을 만드세요. 휴대 전화를 개통할 때 통신 회사에 따라 보증금을 내야 할 수도 있습니다. 당황하지 않게 이런 정보를 미리 알아보고 가는 것이 좋습니다. 혹시 한국어를 못해서 의사소통에 문제가 생길까 봐 걱정하는 분들도 있겠지요? 너무 걱정하지 마세요. 요즘은 한국에 사는 외국인들이 많아서 외국인을 위한 상담 직원이 있는 매장도 있습니다. 한국어에 자신이 없으면 이런 곳을 찾아서 가면 됩니다.

이제 어떻게 휴대 전화를 개통할 수 있는지 아시겠지요? 다음에는 은행에 가서 통장을 만드는 방법에 대해 안내해 드리겠습니다.

(1) 무엇에 대한 글입니까?

① 신입생 환영의 글

② 유학 생활 정보의 글

③ 휴대 전화 광고의 글

(2) 글의 내용과 같은 것은 무엇입니까?

① 한국어를 모르면 휴대 전화를 개통할 수 없다.

② 이 사람은 휴대 전화 회사 홈페이지에 이 글을 올렸다.

③ 한국에서 외국인이 휴대 전화를 개통하는 것은 좀 복잡하다.

(3) 휴대 전화를 개통하고 싶은 유학생이 가장 먼저 해야 할 일은 무엇입니까?

① 은행에 가서 상담을 받는다.

② 휴대 전화 회사에 방문한다.

③ 외국인 등록증을 발급받는다.

(4) 이 블로그의 다음 글에서 얻을 수 있는 정보는 무엇입니까?

① 통장을 만드는 방법

② 대중교통을 이용하는 방법

③ 외국인 등록증 발급받는 방법

2. 다음은 한국어능력시험 홈페이지에 난 공고입니다. 읽고 물음에 답하세요.

수험생 주의 사항

* 입실 완료 시간: 시험 시작 20분 전
* 가지고 올 것: 수험표, 신분증
  (여권, 외국인 등록증, 운전 면허증 등)

(1) 무엇에 대한 글입니까?

① 시험 시간과 장소 안내

② 시험 신청할 때 주의 사항

③ 시험 보러 갈 때 주의 사항

(2) 글의 내용과 같은 것은 무엇입니까?

① 여권과 수험표가 있으면 시험을 볼 수 있다.

② 시험 시작 20분 전부터 교실에 들어갈 수 있다.

③ 여권, 외국인 등록증, 운전 면허증을 모두 가지고 가야 한다.

써 봅시다

다음은 기자가 인터뷰한 한국어 도우미의 답변입니다. 다음을 읽고 인터뷰 기사의 글을 완성하세요.

인 물 탐 방

우리 학교 외국인 학생을 위한 도우미를 만나다

이번 학기 외국인 학생들을 위해 한국어 도우미로 활동하고 있는 김수진(국제관계학과 3학년) 학생을 만나 보았다.

기자 : ______________________________?

김수진 : 저는 작년에 일본에 교환 학생으로 갔었는데 그때 일본인 도우미 친구에게서 많은 도움을 받았습니다. 그래서 저도 도우미 활동을 하게 됐습니다.

기자 : 외국인 친구를 만나서 주로 어떤 활동을 합니까?

김수진 : 저는 ______________________________.

기자 : ______________________________?

김수진 : 제가 돕고 있는 외국인 친구의 한국어 실력이 점점 좋아지는 것을 보면 보람을 느낍니다.

기 자 : 앞으로의 활동 계획은 무엇입니까?

김수진 : ______________________________.

김수진 학생은 외국인 친구에게 한국에서의 좋은 추억을 많이 선물하고 싶어 했다. 그들의 우정이 오래도록 계속되기를 바란다.

유은호 기자

제 2 과 감정 *Emotion*

어휘

1. 알맞은 것을 찾아 연결하세요.

(1) 들통이 나다 ·　　　　· ① 혼나다

(2) 꾸중을 듣다 ·　　　　· ② 해야 할 일이 쌓이다

(3) 일이 밀리다 ·　　　　· ③ 속마음을 이야기하지 않다

(4) 진심을 감추다 ·　　　　· ④ 솔직하게 마음을 표현하다

(5) 마음을 터놓다 ·　　　　· ⑤ 비밀을 다른 사람이 알게 되다

2. 알맞은 것을 골라 문장을 완성하세요.

그립다　　답답하다　　뿌듯하다　　속상하다　　지루하다　　황홀하다

(1) 건강하게 잘 자란 내 아들을 보면 마음이 ______________________.

(2) 어제 본 영화는 재미도 없고 너무 길어서 정말 ______________________.

(3) 이 곡은 어머니가 자주 부르시던 곡이에요. 그래서 이 노래를 들으면 항상 어머니가 보고 싶고 ______________________.

(4) 이번에 생각보다 시험 결과가 좋지 않아서 ______________________. 시험 공부를 열심히 해서 기대를 많이 했었거든요.

(5) 사랑하는 사람과 같이 있으면 너무 좋아서 설레고 ______________________.

(6) 한국말을 잘 못해서 하고 싶은 말을 못할 때 너무 ______________________.

3. 알맞은 것을 골라 대화를 완성하세요.

실감　　야단　　첫눈　　말다툼

(1) A: 박영민 씨, 축하해요. 예쁜 딸을 낳아서 너무 좋겠어요.

B: 네, 고마워요. 그런데 제가 아버지가 된 것이 아직 ________________이/가 나지 않아요.

(2) A: 두 사람 언제부터 사귀기 시작했어요? 만난 지 얼마 안 됐잖아요.

B: 저희요? 처음 만난 날부터요. 만나자마자 서로 ________________에 반했거든요.

(3) A: 왜 이렇게 기분이 안 좋아 보여? 무슨 일 있었어?

B: 일 때문에 동료하고 ________________을/를 했어. 그래서 좀 우울해.

(4) A: 사장님이 화가 많이 나신 모양이에요.

B: 네. 저도 사장님이 저렇게 큰 소리로 ________________을/를 치시는 걸 처음 봤어요.

4. 알맞은 것을 골라 대화를 완성하세요.

마음을 놓다　　마음에 걸리다　　마음이 가볍다　　마음이 통하다

(1) A: 여보세요? 민호 씨, 저 지금 집에 도착했어요. 걱정하지 말고 이제 ________________

________________________.

B: 그래요. 밤늦게 혼자 보내서 많이 걱정했는데 이제 안심이에요.

(2) A: 저 두 사람은 말을 하지 않아도 서로의 생각을 잘 아는 것 같아요.

B: 그래요. 눈빛만 봐도 ________________________ 것 같아요.

(3) A: 아, 지난 1년 동안 하던 일을 마침내 끝냈어요.

B: 정말 ________________________.

(4) A: 어제 고향에서 오랜만에 친구가 왔는데 바빠서 신경을 못 써 준 게 자꾸 ____________

________________________.

B: 너무 걱정하지 마세요. 친구도 아마 이해할 거예요.

준비합시다

01 -아/어 보이다

1. 알맞은 것을 골라 문장을 완성하세요.

맛있다	어리다	착하다	날씬하다	키가 크다

(1) 왕치엔 씨가 오늘 굽이 높은 구두를 신어서 ________________.

(2) 아키라 씨는 항상 웃고 인상이 좋아서 ________________.

(3) 유키 씨가 앞머리를 자르니까 나이보다 ________________.

(4) 단순한 디자인의 짙은 색 옷을 입으세요. 그러면 ________________.

(5) 빵이 참 ________________ 먹어 봐도 돼요?

2. 알맞은 것을 골라 대화를 완성하세요.

어렵다	친하다	편하다	피곤하다

(1) A: 이 책은 한자가 많아서 ________________.

B: 아니에요. 제가 지금 공부하고 있는데 쉬워요.

(2) A: 신발이 예쁘고 ________________. 어디에서 샀어요?

B: 요즘 백화점에서 신발을 세일해서 샀는데 발도 안 아프고 정말 좋아요.

(3) A: 유키 씨, 무척 ________________. 무슨 일 있어요?

B: 요즘 회사 일이 많아서 계속 야근했어요. 어젯밤에도 11시까지 일했어요.

(4) A: 이 사진 좀 보세요. 지난 학기 때 우리 반 친구들과 찍은 사진이에요.

B: 반 친구들이 모두 사이가 좋은 것 같아요. 아주 ________________.

02 -는 것보다 -는 게 낫다

1. 다음 표를 보고 대화를 완성하세요.

	상황	선택	
(1)	친구와 만나기로 했다	☑ 학교 앞에서 만나다	□ 지하철 역 앞에서 만나다
(2)	시험을 준비하다	□ 벼락치기로 공부하다	☑ 평소에 예습, 복습하다
(3)	목이 마르다	☑ 물을 마시다	□ 탄산음료를 마시다
(4)	속이 안 좋다	□ 굶다	☑ 소화가 잘되는 음식을 먹다
(5)	어머니 생신이다	□ 돈을 드리다	☑ 꽃을 선물해 드리다

(1) A: 내일 어디에서 만날까요? 지하철 역 앞에서 만날까요?

B: 사람이 많아서 너무 복잡하니까 ________________.

(2) A: 프랑크 씨, 시험공부 안 해요?

B: 뭐, 벌써부터 준비를 해요? 시험 전날 한꺼번에 하면 되지요.

A: 성적을 잘 받으려면 ________________.

(3) A: 날씨가 더워서 그런지 너무 목이 마른데 탄산음료 좀 사다 주세요.

B: 탄산음료는 마신 후에 금방 목이 다시 말라요.

그러니까 ________________.

(4) A: 오늘 점심은 뭐 먹을까요?

B: 저는 속이 안 좋아서 점심은 그냥 안 먹을까 해요.

A: 그럴 때는 ________________.

(5) A: 이번 어머니 생신 때 필요한 것을 직접 사시게 돈을 드릴까요?

B: 글쎄요. ________________?

어머니께서 꽃을 좋아하시니까 분명히 좋아하실 거예요.

03 -기는 하지만

1. 알맞은 것을 찾아 연결하고 문장을 완성하세요.

(1) 회사에 일이 많아서 힘들다 •	• ① 잘 모르다
(2) 가끔 좋아하는 음식을 만들다 •	• ② 별로 맛이 없다
(3) 프랑크 씨를 만난 적이 있다 •	• ③ 아직 자신이 없다
(4) 외국 생활이 어려웠다 •	• ④ 재미있었다
(5) 운전을 배웠다 •	• ⑤ 일이 적성에 맞고 재미있다

(1) 회사에 일이 많아서 ______________________.

(2) 가끔 좋아하는 음식을 ______________________.

(3) 프랑크 씨를 만난 적이 ______________________.

(4) 외국 생활이 ______________________.

(5) 운전을 ______________________.

2. 다음 대화를 완성하세요.

(1) A: 제이슨 씨 어때요? 아주 성실하죠?

B: 네. 그런데 ______________ 일을 할 때 가끔 큰 실수를 해요.

(2) A: 소라 씨는 정말 예쁜 것 같아요.

B: 네. 그런데 ______________ 성격이 좀 까다로운 데가 있는 것 같아요.

(3) A: 수고하셨습니다. 그동안 힘드셨지요?

B: ______________ 해야 할 일을 끝내서 정말 마음이 가벼워요.

(4) A: 밥 먹었어요?

B: 네. 아까 밥을 ______________ 대충 먹어서 그런지 벌써 배가 고프네요.

04 -던데요

1. 알맞은 것을 골라 ◯ 표 하세요.

(1) A: 김치 담가 봤어요?

B: 네. 예전에 김치를 직접 담가 봤는데 생각보다 (어렵지 않던데요, 어렵지 않았던데요).

(2) A: 어제 영화 봤어요?

B: 아니요. 못 봤어요. 인기가 많아서 표가 다 (매진되던데요, 매진됐던데요).

(3) A: 어제 새로 시작한 드라마 봤어?

B: 응, 봤어. 배우들이 연기도 잘하고 정말 (재미있던데, 재미있었던데).

(4) A: 제가 며칠 전에 선생님 아들을 봤는데 선생님을 아주 많이 (닮던데요, 닮았던데요).

B: 그렇죠? 저도 봤는데 너무 닮아서 놀랐어요.

2. 알맞은 것을 골라 대화를 완성하세요.

먹다	읽다	닫다	좋다

(1) A: 이 화장품 어때요?

B: 제가 써 봤는데 정말 ____________________.

(2) A: 프랑크 씨 어디에 있는지 알아요?

B: 조금 전에 봤는데 도서관에서 책을 ____________________.

(3) A: 안나 씨가 이 음식을 좋아할지 모르겠어요. 매운 걸 잘 못 먹는 것 같던데…….

B: 걱정하지 마세요. 지난번에 같이 밥을 먹었는데 매운 것도 아주 잘 ______________.

(4) A: 지하철역 앞에 있는 슈퍼마켓이 오늘 몇 시까지 하는지 알아요?

B: 제가 아까 집에 오는 길에 봤는데 벌써 문을 ____________________.

말해 봅시다

1. 다음 물음에 답하세요.

(1) 우울해 보이는 친구의 안부를 물을 때 어떻게 말할까요?

A: ________________________________.
B: 네, 좀 우울해요.

① 무슨 일인데요? 얼굴이 슬퍼요　　② 무슨 일이에요? 인상이 좋아졌어요
③ 무슨 일 있어요? 안색이 안 좋아 보여요

(2) 감동적인 느낌을 강조해서 말하고 싶을 때 어떻게 말할까요?

A: 그 노래는 어떤 내용이에요?
B: 사랑하는 사람에 대한 마음을 표현했는데 ________________________.

① 얼마나 가슴이 찡한데요　　② 얼마나 가슴에 와 닿아요
③ 정말 가슴을 울리기는 해요

(3) 기분 전환 방법을 비교해서 조언하려고 합니다. 이때 어떻게 말할까요?

A: 기분도 우울한데 쇼핑이나 해야겠어요.
B: ____?

① 쇼핑보다 노래방에 가서 큰 소리로 노래를 부를까요
② 쇼핑하는 것보다 노래방에 가서 큰 소리로 노래를 부를래요
③ 쇼핑하는 것보다 노래방에 가서 큰 소리로 노래를 부르는 게 낫지 않을까요

(4) 다른 사람의 지나친 행동에 대한 불만을 말할 때 어떻게 말할까요?

A: 네가 부장님한테 실수를 한 것 같아.
B: 응, 나도 알아. ____?

① 그러니까 사람들 앞에서 혼내는 건 너무했지
② 그렇다고 사람들 앞에서 혼낼 수도 있어
③ 그래도 그렇지. 사람들 앞에서 혼내는 건 너무 심한 거 아니야

2. 다음 대화를 읽고 물음에 답하세요.

흐엉	프랑크 씨, 무슨 일 있어요? 우울해 보여요.
프랑크	네, 정말 우울해요.
흐엉	아니, 왜요?
프랑크	제가 어제 아르바이트하는 데서 ⓐ깜빡하고 예약 손님을 확인하지 않았거든요. 그래서 점장님한테서 꾸중을 들었어요.
흐엉	어쩌다가 그랬어요? 프랑크 씨가 실수를 한 것 같네요.
프랑크	네, 알아요. 하지만 어떻게 다른 직원들이 있는 앞에서 큰 소리로 야단을 칠 수 있어요? 정말 속상해요.
흐엉	아마 점장님도 프랑크 씨에게 화를 내고 기분이 안 좋았을 거예요. ⓑ______________________. ⓒ너무 마음에 두지 마세요.
프랑크	네. 피곤한데 그냥 잠이나 자면서 잊어야겠어요.
흐엉	프랑크 씨, 잠자는 것보다 운동하는 게 낫지 않을까요? 운동하면서 땀을 흘리고 나면 기분이 상쾌해져서 기분 전환이 될 거예요.
프랑크	네. 흐엉 씨 말을 듣고 나니까 운동하는 게 훨씬 나을 것 같아요.

(1) ⓐ와 바꿔 쓸 수 있는 것은 무엇입니까?

① 잠깐 자서

② 기억을 못 하고

③ 정신없이 바빠서

(2) ⓑ에 들어갈 말로 알맞지 **않은** 것은 무엇입니까?

① 사회생활이 다 그렇지요, 뭐

② 사회생활을 하면 어쩔 수 없겠네요

③ 사회생활을 하면 그럴 수도 있어요

(3) ⓒ는 무슨 의미입니까?

① 너무 마음을 주지 마세요.

② 너무 솔직하게 말하지 마세요.

③ 너무 심각하게 생각하지 마세요.

3. 다음 대화를 읽고 물음에 답하세요.

안나 지금 무슨 음악 듣고 있어요?

제이슨 아, 이거 제가 제일 좋아하는 클래식 음악이에요.

안나 클래식 음악요?

제이슨 네. 클래식 음악은 가사가 없어서 ⓐ__________ 들을 수 있어서 좋아요. 멜로디도 감미롭고요. 한번 들어 보세요.

(노래를 들어 본 후)

안나 멜로디가 참 감미롭네요.

제이슨 그렇죠? 안나 씨는 어떤 음악을 즐겨 들어요?

안나 저는 발라드를 즐겨 들어요.

제이슨 발라드요? 발라드는 좀 지루하던데…….

안나 어떤 곡은 좀 ⓑ__________ 발라드 곡은 가사가 감동적이니까 우울할 때 들으면 마음이 편안해져요.

제이슨 그래요? 안 그래도 요즘 힘들어서 좀 우울한데 한번 들어 봐야겠어요. 안나 씨가 좋은 곡 좀 추천해 주세요.

안나 물론이죠. 아마 기분 전환을 할 수 있을 거예요.

(1) ⓐ에 들어갈 말로 알맞은 것은 무엇입니까?

① 혼자서 ② 편안하게 ③ 하루 종일

(2) ⓑ에 들어갈 말로 알맞은 것은 무엇입니까?

① 지루하게

② 지루할수록

③ 지루하기는 하지만

(3) 대화의 내용과 <u>다른</u> 것은 무엇입니까?

① 두 사람은 음악에 대해서 이야기하고 있다.

② 안나는 요즘 우울해서 발라드를 즐겨 듣는다.

③ 제이슨은 멜로디가 감미로워서 클래식을 좋아한다.

읽어 봅시다

1. 다음은 우산에 얽힌 경험담입니다. 읽고 물음에 답하세요.

노란 우산

"비가 올 것 같던데요. 우산 가지고 나가세요."라는 동료의 말을 듣지 않고 외근을 나갔는데 맑았던 하늘이 갑자기 어두워지면서 비가 내리기 시작했다. 오전에 부장님께 꾸중을 들어서 속이 상했는데 비까지 내리니까 기분이 더욱 우울해졌다.

잠깐 내리는 소나기인 것 같아서 큰 건물 안에 들어가서 비가 그치기를 기다렸다. 이렇게 갑자기 내리는 비 때문에 샀던 우산이 집에 몇 개나 있었다. 그래서 우산을 사는 것보다 비가 그치기를 기다리는 게 나을 것 같았다.

ⓐ______________ 이렇게 계속 기다릴 수는 없을 것 같았다. 은행 문을 닫기 전에 은행에 가야 해서 어쩔 수 없이 손수건을 머리에 쓰고 횡단보도를 건너려고 기다리고 있었다. 그때였다. 갑자기 노란 색깔의 우산이 내 머리 위로 올라오는 것이었다. 깜짝 놀라 뒤를 보았다. 인상이 따뜻해 보이는 아주머니가 내 뒤에서 우산을 씌워 주면서 "이렇게 예쁜 아가씨가 비를 맞으면 어떡해요? 내 우산 같이 써요."라고 웃으면서 말씀하셨다. 그리고 그 아주머니는 친절하게 은행 앞까지 나를 데려다 주면서 내가 불편하지 않게 이런저런 이야기를 하셨다.

은행 앞에 도착해서 감사의 인사를 하는데 아주머니는 내 머리 위에 있던 손수건을 주시면서 "손수건도 참 예쁘네. 그럼 볼일 보고 가요."라고 말하고 나서 가셨다. 고마운 마음에 아주머니의 뒷모습을 계속 보고 있는데 아주머니는 우리가 왔던 길을 다시 되돌아가는 것이었다. 일부러 나를 은행 앞까지 데려다 주신 것이었다.

처음 보는 아주머니의 친절 덕분에 그날 우울했던 기분이 확 풀렸다. 그때 그 아주머니의 밝은 노란색 우산처럼 나를 보고 웃던 아주머니의 밝은 미소를 지금도 잊을 수 없다. 그리고 그때부터 나는 노란색 우산만 보면 가슴이 따뜻해진다.

(1) ⓐ에 들어갈 말로 알맞은 것은 무엇입니까?

① 그러니까　　② 그러다가　　③ 그렇기는 했지만

(2) 여자는 노란색 우산을 보면 왜 가슴이 따뜻해집니까?

____

(3) 글의 내용과 **다른** 것은 무엇입니까?

① 여자는 오전에 회사에서 기분이 안 좋은 일이 있었다.

② 여자는 소나기 때문에 산 우산이 많아서 우산을 사지 않았다.

③ 아주머니는 은행에 가는 길이기 때문에 여자를 은행에 데려다 주었다.

2. 다음은 잡지에 실린 광고입니다. 무엇에 대한 광고입니까?

(1)

불쾌 온도 0℃, 행복 온도 100℃

덥고 짜증나는 여름! 불쾌감과 스트레스를 한 번에 풀어 드립니다.
시원한 냉커피와 초콜릿 케이크 한 조각이면 세상을 다 가진 기분이지요?
오늘도 초콜릿 케이크의 달콤함을 상상하면서 이곳으로 오세요.

위치: 이대역 5번 출구에서 5분 거리
예약 문의: 02-3211-4567

① 찜질방　　② 커피숍　　③ 백화점

(2)

영화 여행

고전에서 현대까지, 공포에서 코미디까지
300장이 넘는 사진과 재미있는 영화 속 숨은 이야기!
한 장 한 장 넘기면서 흥미진진하고 신나는 여행을 떠나 보세요.

이경화 지음 / 15,000원

① 책 소개　　② 영화 소개　　③ 여행 상품 안내

써 봅시다

다음은 라디오 음악 방송에 노래를 신청하게 된 상황입니다. 다음을 읽고 라디오 음악 방송에 노래를 신청하는 사연의 글을 완성해 보세요.

친구야, 친구!

저에게는 어렸을 때 현주라는 가장 친한 친구가 있었습니다. 현주는 잘 웃고 활발해서 언제나 즐거워 보였습니다. 저는 성격이 소극적이라서 혼자서 음악을 듣고 있을 때가 많았습니다. 어느 날 현주는 교실 책상 위에 있는 노래 CD를 가리키며 "너도 이 노래 좋아해? 나도 들어 봤는데 멜로디가 정말 좋던데." 라고 먼저 말을 붙였고 우리는 노래 이야기를 하다가 친구가 되었습니다. 그 후로 우리는 항상 어울려 지내면서 같이 음악을 듣고 즐거운 시간을 많이 보냈습니다. 그런데 어느 날 현주는 아주 먼 곳으로 이사를 가게 되었습니다. 헤어진 후 가끔 연락을 했지만 서로의 생활이 바빠서 점점 연락도 안 하게 되었습니다.

그때 우리를 친구로 만들어 준 노래가 바로 '친구'라는 노래입니다. 지금 현주는 어떻게 지내고 있을까요? 현주를 아주 많이 보고 싶기는 하지만 다시 만나면 예전처럼 친해지지 못할까 봐 두렵습니다. 이렇게 노래를 신청하는 것보다 직접 연락을 하는 게 낫겠지만 제가 우연히 '친구'라는 노래를 듣고 현주를 생각하게 된 것처럼 현주도 이 노래를 듣고 저를 기억해 주기를 바랍니다. 꼭 틀어 주세요.

3월 3일 신촌에 사는 유키

제 3 과 여가 생활 *Leisure*

어휘

1. 알맞은 것을 골라 대화를 완성하세요.

독특하다　　저렴하다　　착각하다　　추억하다　　탈피하다　　해소하다

(1) A: 와~ 이 시장에는 사람이 정말 많네요.

B: 네. 이 시장은 물건 값이 ____________________ 사람들이 많이 찾아요.

(2) A: 박사님, 스트레스를 ____________________ 위해서는 어떻게 하는 게 좋을까요?

B: 스트레스를 풀려면 먼저 스트레스의 원인부터 찾아야 합니다.

(3) A: '사랑'이라는 영화에 이지영이 나와요?

B: 네, 그 영화로 이지영은 아역 배우 이미지에서 많이 ____________________.

(4) A: 이 사진에 있는 사람이 안나 씨 동생이에요? 안나 씨와 정말 많이 닮았네요.

B: 그렇죠? 동생하고 너무 닮아서 가끔 사람들이 저를 동생으로 ____________________.

(5) A: 제이슨 씨도 가끔 첫사랑이 그리울 때가 있어요?

B: 네. 첫사랑과 자주 듣던 음악을 들을 때마다 아직도 그 사람의 ____________________ 웃음소리가 생각나요. 웃음소리가 다른 사람들과는 많이 달랐거든요.

(6) A: 아키라 씨, 사진 찍는 걸 좋아해요?

B: 네. 사진은 찍던 때를 ____________________ 수 있어서 좋아요.

2. ________에 공통으로 들어갈 단어를 고르세요.

(1)
- 급한 일이 생겨서 약속을 내일로 ________하기로 했다.
- 그 배우는 처음 하는 연극에서 ________을/를 잘했다.
- 그 사람은 방에서 나는 ________을/를 보고 불이 난 것을 알았다.

① 연락 ② 연기 ③ 연장

(2)
- 시험이 끝난 후에 친구와 답을 ________ 보았다.
- 사진 속에서 서로 눈을 ________ 있는 엄마와 아기의 모습이 행복해 보였다.
- 졸업을 축하하기 위해서 친구들과 함께 졸업 기념 반지를 ________ 했다.

① 맞추다 ② 끼우다 ③ 맞대다

3. 알맞은 것을 골라 대화를 완성하세요.

시간이 나다　시간을 벌다　시간을 보내다　시간을 쪼개다

(1) A: 안나 씨는 시간이 있을 때 보통 뭐 해요?
B: 저는 ________ 하숙집 아주머니에게 한국 요리를 배우고 있어요. 이번 주말에는 떡볶이를 배울 거예요.

(2) A: 요즘 바빠서 계속 아침을 못 먹고 있어요.
B: 아침에 바쁘겠지만 ________ 꼭 챙겨 드세요.

(3) A: 유키 씨, 왜 신촌으로 이사 갔어요? 전에 있던 집도 좋아했잖아요.
B: 학교가 너무 멀어서요. 공부할 ________ 학교 바로 옆으로 이사했어요.

(4) A: 지난주에 가족들이 한국에 왔지요? 가족들과 재미있게 지냈어요?
B: 네. 서울의 여기저기를 구경했어요. 맛있는 음식도 많이 먹고 쇼핑도 했어요. 정말 즐거운 ________.

준비합시다

01 -지 그래요

1. 알맞은 것을 골라 대화를 완성하세요.

가다 받다 사다 쉬다 입다 관람하다 이용하다

(1) A: 부산에 갈 때 비행기로 가는 게 좋을까요? 기차로 가는 게 좋을까요?

B: 기차로 ______________. 기차를 타고 가면 창밖의 풍경도 볼 수 있잖아요.

(2) A: 율리아 씨는 보통 언제 장을 봐요? 전 요즘 너무 바빠서 장을 볼 시간도 없어요.

B: 저도 바빠서 주로 인터넷으로 장을 봐요. 안나 씨도 인터넷 쇼핑을 ______________

______________.

(3) A: 내일 친구들하고 크리스마스 파티를 할 건데 뭘 입고 갈까?

B: 어제 산 옷을 ______________. 너한테 잘 어울리던데…….

(4) A: 카메라가 고장 나서 새로 사려고 하는데 어디에서 사는 게 좋을까요?

B: 학교 앞에 있는 가게에서 ______________. 가격도 싸고 물건도 다양하거든요.

(5) A: 제이슨 씨, 피곤해 보이는데 오늘은 일찍 퇴근하고 집에서 좀 ______________.

B: 저도 그렇게 하고 싶은데 일이 너무 많아서 오늘도 늦게 퇴근할 것 같아요.

(6) A: 마리 씨, 제가 이번 방학에 프랑스로 여행 가려고 하는데 파리에서 뭘 하면 좋을까요?

B: 파리요? 그럼 미술관을 ______________. 유키 씨는 미술에 관심이 많잖아요.

(7) A: 아키라 씨, 지난 휴가 때 태국에 갔지요? 저도 이번에 태국에서 휴가를 보내려고 하는데 뭘 하는 게 좋을까요?

B: 방콕 여기저기를 관광하고 저녁에는 마사지를 ______________. 그럼 피곤이 확 풀릴 거예요.

02 -(으)ㄹ 뿐(만) 아니라

1. 줄리앙 씨에 대한 설명입니다. 다음 보기와 같이 문장을 완성하세요.

보기 잘생겼다 / 성격도 좋다

(1) 한국어를 잘하다 / 영어도 잘하다
(2) 글을 잘 쓰다 / 그림도 잘 그리다
(3) 스키를 잘 타다 / 테니스도 잘 치다

보기 줄리앙 씨는 잘생겼을 뿐만 아니라 성격도 좋다.

(1) 줄리앙 씨는 ______________________________.

(2) 줄리앙 씨는 ______________________________.

(3) 줄리앙 씨는 ______________________________.

2. 다음 보기와 같이 문장을 완성하세요.

	활동	장점 1	장점 2
보기	래프팅 하기	스트레스를 풀 수 있다	여러 친구들을 만날 수 있다
(1)	빵 만들기	취향에 맞게 만들 수 있다	친구들과 함께 먹을 수 있다
(2)	뮤지컬 관람하기	배우를 직접 볼 수 있다	음악을 생생하게 들을 수 있다
(3)	바둑 두기	집중력이 좋아지다	마음이 차분해지다

보기 래프팅을 하면 스트레스를 풀 수 있을 뿐만 아니라 여러 친구들도 만날 수 있다.

(1) 빵을 만들면 ______________________________.

(2) 뮤지컬을 관람하면 ______________________________.

(3) 바둑을 두면 ______________________________.

03 –(으)ㄴ/는 줄 알다/모르다

1. 다음 표를 완성하세요.

기본형	–(으)ㄴ 줄 알다	–는 줄 알다
보다		
말하다		
읽다		
듣다		
만들다		
돕다		
있다	X	
크다		X
작다		X
(학생)이다		X

2. 알맞은 것을 골라 대화를 완성하세요.

(1) A: 손님, 이 가방은 50만 원인데, 5만 원밖에 안 주셨네요.

B: 네? 50만 원요? 저는 가격표를 보고 ______________________.

(2) A: 남산에서는 서울이 한눈에 보이지요?

B: 네. 서울은 정말 아름다운 것 같아요. 저는 서울이 이렇게 ______________

______________.

(3) A: 얘, 빨리 와서 밥 먹어라.

B: 엄마, 저 밖에서 저녁 먹었어요.

A: 그랬니? 난 네가 저녁을 ______________________ 네가 좋아하는 생선을 구웠는데…….

04 -(으)ㄹ 때마다

1. 알맞은 것을 찾아 연결하고 문장을 완성하세요.

(1) 카페에 가다 ·	· ① 팝콘을 먹다
(2) 영화를 보다 ·	· ② 조각 케이크를 사다
(3) 스트레스를 받다 ·	· ③ 고향 음식을 만들다
(4) 고향 생각이 나다 ·	· ④ 노래방에 가서 큰 소리로 노래를 부르다

(1) 카페에 ____.

(2) 영화를 ____.

(3) 스트레스를 ____.

(4) 고향 생각이 ____.

2. 알맞은 것을 골라 대화를 완성하세요.

늦다	듣다	만들다

(1) A: 어, 제이슨 씨도 이 음악 좋아해요? 저도 이 음악을 좋아해서 자주 듣는데…….

B: 네, 좋아해요. 저는 이 음악을 ____________________ 생각나는 사람이 있거든요.

(2) A: 저는 교통비가 너무 많이 들어요.

B: 왜요? 안나 씨 집은 학교에서 가깝잖아요.

A: 그렇기는 한데 제가 학교에 ____________________ 택시를 타거든요.

(3) A: 율리아 씨, 이거 5인분 맞아요? 10인분 정도 되는 것 같아요.

B: 좀 넉넉하게 했어요. 제가 음식을 ____________________ 많이 해서 사람들이 놀랄 때가 많아요.

말해 봅시다

1. 다음 물음에 답하세요.

(1) 친구에게 동호회에 가입하기를 부드럽게 권유할 때 어떻게 말할까요?

A: 동호회에 가입하고 싶은데 뭐 좋은 게 없을까요?
B: 하오밍 씨, ______________________________.

① 음악 감상 동호회는 좀 별로예요
② 음악 감상 동호회에 꼭 가입해야 돼요
③ 음악 감상 동호회도 괜찮을 것 같아요

(2) 친구의 추천에 완곡하게 거절할 때 어떻게 말할까요?

A: 유키 씨, 등산을 한번 해 보지그래요. 등산을 하면 건강해져요.
B: ______________________________.

① 등산은 싫어 ② 등산요? 글쎄요 ③ 등산을 하지 않아요

(3) 깜짝 놀라면서 되물을 때 어떻게 말할까요?

A: 공연 장소는 학생회관으로 예약했지?
B: ______________________________?

① 네? 학생회관이라고요
② 뭐라고요? 학생회관으로 했어요
③ 아니, 학생회관으로 해야 되지요

(4) 동아리 선배에게 잘못을 사과할 때 어떻게 말할까요?

A: 공연 준비할 때마다 이렇게 실수를 하면 어떻게 해?
B: ______________________________.

① 천만에요. 별 말씀을 다 하세요
② 미안해. 하지만 나도 그러고 싶지는 않았어
③ 죄송해요. 앞으로는 이런 일이 없도록 조심할게요

2. 다음 대화를 읽고 물음에 답하세요.

마리 흐엉 씨는 시간이 있을 때 보통 뭐 해요?

흐엉 특별히 하는 건 없어요. 그래서 요즘 취미 생활을 시작해 볼까 하는데 뭐 좋은 게 있을까요?

마리 그래요? 바둑을 ⓐ______________________. 학교 근처에 바둑 학원도 있던데요.

흐엉 바둑요? 글쎄요……. ⓑ<u>바둑 말고 다른 건 없을까요</u>? 바둑은 생각을 많이 해야 하는 것이라서 머리가 좀 아플 것 같은데요.

마리 그럼 비즈 공예는 어때요? 비즈 공예를 배우는 사람도 많은 것 같던데요.

흐엉 비즈 공예요? 저도 관심은 있지만 좀 어렵지 않을까요?

마리 선생님께 배우면 별로 어렵지 않을 거예요. 그리고 비즈 공예를 배우면 자기가 원하는 액세서리를 만들 수 있어요. ⓒ____________ 액세서리를 친구들에게 선물할 수도 있어서 좋을 것 같아요.

흐엉 마리 씨 말을 들으니까 한번 배워 보고 싶네요.

마리 저도 이번 방학 때 비즈 공예를 배우려고 하는데, 배울 수 있는 곳을 같이 알아 볼래요?

흐엉 마리 씨도 비즈 공예를 배울 거예요? 같이 배우러 다니면 재미있겠네요.

(1) ⓐ에 들어갈 말로 알맞은 것은 무엇입니까?

① 배워 보지그래요

② 배운 적이 없어요

③ 배우는 건 좋아요

(2) ⓑ와 바꿔 쓸 수 있는 것은 무엇입니까?

① 바둑은 좀 그런데요.

② 바둑이 괜찮을 것 같아요.

③ 바둑이 다른 것보다 좋을 거예요.

(3) ⓒ에 들어갈 말로 알맞은 것은 무엇입니까?

① 반면에 ② 게다가 ③ 그에 비해

3. 다음 대화를 읽고 물음에 답하세요.

아키라 흐엉, 공연 포스터 주문 잘 하고 왔어?
흐엉 네, 지금 막 포스터를 주문하고 오는 길이에요.
아키라 날짜하고 제목 정확히 확인했지?
흐엉 네. 12월 15일, '로미오와 줄리엣'이지요? 확실히 확인했어요.
아키라 뭐? 12월 15일? 흐엉, 우리 공연은 12월 25일이잖아.
흐엉 네? 12월 25일이라고요? 15일 아니었어요?
아키라 회의 때 25일에 하기로 했잖아.
흐엉 저는 15일에 하는 줄 알았어요.
아키라 그리고 흐엉, 공연 제목은 춘향전이야.
흐엉 춘향전요? 작년에는 로미오와 줄리엣이었잖아요.
그래서 ⓐ____________________.
아키라 회의 때 올해는 한국 공연을 하기로 했잖아. ⓑ<u>공연을 준비할 때마다 이렇게 실수를 하면 어떻게 해?</u> 지금 빨리 전화해서 제목하고 날짜 바꿀 수 있는지 물어 봐.
흐엉 죄송해요, 선배님. 앞으로는 조심할게요. 그리고 지금 바로 전화해서 날짜하고 제목을 다시 말할게요.

(1) 대화의 내용과 **다른** 것은 무엇입니까?

① 동아리 공연 날짜는 12월 15일이다.

② 이 동아리는 춘향전을 공연하려고 한다.

③ 흐엉은 공연을 준비할 때 자주 실수한다.

(2) ⓐ에 들어갈 말로 알맞지 **않은** 것은 무엇입니까?

① 춘향전인 줄 알았어요 ② 춘향전인 줄 몰랐어요

③ 로미오와 줄리엣인 줄 알았어요

(3) ⓑ와 바꿔 쓸 수 **없는** 것은 무엇입니까?

① 공연 준비 때마다 자꾸 그럴래? ② 공연 준비하는 것은 원래 쉽지 않아.

③ 공연을 준비할 때 매번 실수를 하잖아.

읽어 봅시다

1. 다음은 동아리 여행을 다녀온 후 쓴 글입니다. 읽고 물음에 답하세요.

사진 동아리 여행

나는 지난 학기부터 사진 동아리 활동을 하고 있다. 우리 동아리는 시간이 날 때마다 가까운 곳에 가서 사진을 찍고 1년에 한 번씩 여름마다 여행을 간다. 이번에는 캠핑카로 가기로 했다. 캠핑카를 타고 가면 일정을 자유롭게 바꿀 수도 있어서 편할 뿐만 아니라 숙박비도 절약할 수 있기 때문이다.

드디어 여행 가는 날 아침이 되었다. 우리는 먼저 마트 앞에서 만나서 장을 보았다. 장을 본 후 차 안에서 신나는 음악을 들으면서 고속도로를 달렸다. 음악의 리듬에 맞춰 내 가슴도 두근거렸다. 여행은 언제나 사람을 설레게 한다.

오후 5시쯤 캠핑장에 도착했다. 주차를 하고 텐트를 쳤다. 텐트를 치자마자 우리는 눈앞의 멋진 풍경을 찍기 시작했다. 아름다운 풍경에 취해서 시간 가는 줄 몰랐다. 하지만 곧 배가 고파졌다. 캠핑장 안에 있는 바비큐장에서 친구들과 즐겁게 고기를 구워 먹었다.

다음 날 아침 일찍 일어나서 해돋이를 카메라에 담으러 산으로 올라갔다. 상쾌한 공기를 마시니까 기분이 좋았다. 나는 그동안 아침잠 때문에 해돋이를 본 적이 없었기 때문에 해돋이가 어떤 모습일지 기대가 됐다. 산 정상에 올라간 지 10분쯤 후에 크고 둥근 해가 솟았다. 그동안 태양이 이렇게 아름다운 줄 모르고 살았다니! 눈이 부시게 아름다운 태양의 모습을 열심히 찍었다. 사진을 볼 때마다 그 순간의 감정을 그대로 느낄 수 있을 것이다.

산에서 내려와서 아침으로 간단히 라면을 끓여 먹은 후, 마지막으로 단체 사진 촬영을 했다. 이렇게 짧지만 즐거웠던 동아리 여행이 끝났다. 내년 여행은 어떨까? 벌써부터 기대가 된다.

(1) 다음을 순서대로 맞게 배열한 것은 무엇입니까?

(가) 텐트를 치다	(나) 해돋이를 보다
(다) 마트에서 장을 보다	(라) 단체 사진 촬영을 하다

① (다)→(가)→(나)→(라)　② (나)→(라)→(다)→(가)　③ (다)→(나)→(가)→(라)

(2) 글의 내용과 **다른** 것은 무엇입니까?

① 글을 쓴 사람은 아침잠이 많다.

② 이번 겨울에도 동아리 친구들과 여행을 갈 예정이다.

③ 캠핑카를 타고 가면 일정을 자유롭게 바꿀 수 있어서 좋다.

(3) 이 사람이 한 일이 **아닌** 것은 무엇입니까?

① 캠핑 일정을 바꿨다.

② 해돋이를 보려고 등산을 했다.

③ 캠핑장에서 고기를 구워 먹었다.

2. 다음은 백화점 문화센터 게시판에 있는 글입니다. 읽고 물음에 답하세요.

이화문화센터 7월 강좌 모집

기존 회원 재등록 기간: 6월 20일~6월 25일

신규 회원 등록 기간: 6월 25일~6월 30일

신청 방법: 이화백화점 10층 접수처에서 신청서 작성

프로그램

(1) 어린이 프로그램: 종이 접기, 노래 등

(2) 청소년 프로그램: 독서 토론, 바이올린 등

(3) 성인 프로그램: 요가, 서예 등

* 수업 시작 후 환불 불가
* 수강 인원이 부족하면 폐강될 수 있음

(1) 글의 내용과 같은 것은 무엇입니까?

① 수업은 인터넷으로 신청해야 한다.

② 수업 시작한 후에 취소하면 환불받을 수 있다.

③ 신청한 사람이 적으면 수업이 취소될 수도 있다.

써 봅시다

다음은 스키 동아리의 장점을 메모한 것입니다. 다음을 읽고 스키 동아리 회원을 모집하는 글을 완성하세요.

스키 동아리의 장점

- 아름다운 경치를 볼 수 있고 스트레스를 해소할 수도 있다.
- 스키를 배울 수 있고, 위험하지 않다.
- 돈이 많이 들지 않는다.

함께 가요, 새하얀 스키장으로!

지루한 일상에서 탈피하고 싶으십니까? 뭔가 새롭고 특별한 일을 찾고 계십니까? 이번 겨울에 눈이 많이 왔지요? 눈 속에서 재미있는 경험을 해 보고 싶으면 저희 스키 동아리로 오십시오. 저희는 스키에 관심이 많은 언어교육원 학생들이 모인 동아리입니다. 저희 동아리에 오시면 하얗고 순수한 세계를 만나실 수 있습니다.

____

____

____

스키를 못 타십니까? 스키를 못 타도 괜찮습니다. 스키를 가르쳐 주는 프로그램이 있습니다. 위험할까 봐 걱정이 되십니까? 처음에는 전문가가 계속 옆에서 봐 주기 때문에 안전합니다.

또 스키를 타고 싶지만 돈이 많이 들 것 같아서 걱정이 되십니까? 그런 걱정은 하지 마십시오. 저희 동아리는 장비를 가지고 있기 때문에 필요할 때마다 빌려서 사용할 수 있습니다. 회비도 1년에 한 번, 15만 원만 내시면 됩니다. 회비에는 장비 이용료와 교통비가 포함되어 있습니다.

어떻습니까? 흥미진진하지요? 참, 저희는 일주일에 한 번 모입니다. 토요일 2시에 저희 동아리 모임에 한번 와 보세요. 즐겁고 신나는 추억을 함께 만들어 봅시다.

전화번호: 010-1234-5678

이메일: ewhaski@ewha.ac.kr

제 4 과 건강과 생활 *Health & Life*

어휘

1. 그림에 맞는 것을 골라 쓰세요.

신기다 앉히다 씻기다 벗기다 태우다 씌우다

(1)  ______

(2)  ______

(3)  ______

(4)  ______

(5)  ______

(6)  ______

2. 알맞은 것을 골라 문장을 완성하세요.

혈압 체중 노화

(1) 피부 ______은/는 보통 25세부터 시작된다.

(2) 갑자기 ______이/가 늘면 건강에 좋지 않으니까 평소에 잘 관리를 해야 한다.

(3) 할머니께서는 ______이/가 높아서 짠 음식을 드시지 않는다.

3. 알맞은 것을 골라 대화를 완성하세요.

돌보다	해롭다	예방하다	과식하다

(1) A: 감기에 걸리지 않으려면 특별히 주의해야 할 게 있어요?

B: 네. 감기를 ______________ 위해서는 무엇보다도 손을 자주 씻어야 해요.

(2) A: 제가 탄산음료나 인스턴트식품을 자주 먹는데 괜찮을까요?

B: 가능하면 먹지 마세요. 건강에 ______________.

(3) A: 할아버지, 정말 젊어 보이세요. 특별한 건강 비결이 있으세요?

B: 특별한 것은 없고 나는 조금씩 자주 먹어. ______________ 것은 건강에 좋지 않거든.

(4) A: 아주머니, 저희 아이 좀 ______________ 주시겠어요?

B: 네. 걱정하지 마세요.

4. 알맞은 것을 골라 대화를 완성하세요.

슬퍼하다	지루해하다	피곤해하다	불안해하다

(1) A: 이번 시험에 떨어지면 어떻게 하지요? 정말 걱정이에요.

B: 열심히 준비했으니까 꼭 합격할 거예요. 너무 ______________ 마세요.

(2) A: 수진 씨 할머니께서 돌아가셨어요.

B: 그래요? 수진 씨가 많이 ______________.

(3) A: 영민 씨, 왜 그렇게 하루 종일 ______________? 무슨 일 있었어요?

B: 어젯밤에 일 때문에 거의 못 잤거든요. 좀 힘이 드네요.

(4) A: 오늘 강의가 재미있었어요?

B: 아니요. 학생들이 ______________. 주제가 우리 학생들에게는 어렵던데요.

준비합시다

01 사동사

1. 알맞은 것을 골라 ◯ 표 하세요.

(1) 아이가 집에 들어오면 먼저 아이의 손과 발을 (씻으세요, 씻기세요).

(2) 김치찌개가 먹고 싶은데 김치찌개를 좀 (끓으세요, 끓이세요).

(3) 여보, 아이와 같이 침대에 (누워서, 눕혀서) 아이에게 책을 읽어 주세요.

(4) 제가 조금 늦을 거예요. 유키 씨가 저녁을 (준비해 주세요, 준비시켜 주세요).

(5) 밤 9시가 되면 아이들 옷을 잠옷으로 (갈아입고, 갈아입히고) 불을 꺼 주세요.

2. 알맞은 것을 골라 대화를 완성하세요.

깨우다 태우다 녹이다 감기다 신기다

(1) A: 서울역 방향으로 가시면 저도 좀 ________________.

B: 네, 타세요. 서울역 근처에서 내려 드릴게요.

(2) A: 여보, 아기 목욕시켰어요?

B: 아니요. 제가 바빠서 목욕 못 시켰어요. 당신이 좀 씻기고 아기의 머리도 ____________.

(3) A: 어머니, 저 내일 아침 6시까지 학교에 가야 해요. 5시에 ________________.

B: 그래. 걱정하지 말고 일찍 자.

(4) A: 날씨가 이렇게 추운데 왜 아기에게 양말을 안 ________________?

B: 양말이 물에 젖어서 조금 전에 벗겼어요.

(5) A: 냉동실에 떡이 있어요. 배가 고프면 전자레인지에 ________________ 드세요.

B: 네, 고마워요.

02 (이)든지

1. 알맞은 것을 골라 ◯ 표 하세요.

(1) A: 그 요리는 좀 어렵지 않을까요? 할 수 있겠어요?

B: 네. 걱정하지 마세요. 저는 한국 요리는 (뭐든지, 어디든지) 할 수 있어요.

(2) A: 그 발레 수업은 여자들만 들을 수 있어요?

B: 아니요. 우리 학교 학생이면 (누구든지, 누구에게든지) 들을 수 있어요.

(3) A: 그 볼펜 어디에서 샀어요?

B: 이 볼펜요? 이거 아주 흔한 거예요. (어디든지, 어디에서든지) 살 수 있어요.

2. 알맞은 것을 골라 대화를 완성하세요.

언제든지	어디든지	무엇이든지	어떻게든지	누구에게든지

(1) A: 시간이 얼마 남지 않았는데 이 보고서를 어떻게 다 써요?

B: 그래도 중요한 거니까 ____________ 약속한 시간까지 꼭 쓰세요.

(2) A: 언제 시간 되세요? 편한 시간을 말씀하시면 그때 찾아뵙겠습니다.

B: 저는 2시 이후에는 ____________ 괜찮아요.

(3) A: 어머니는 제가 무엇을 전공하기 바라세요?

B: 네가 좋아하는 것이면 ____________ 괜찮아.

(4) A: 휴가 때 어디에 갈 생각이에요?

B: 사람이 없는 곳이면 ____________ 괜찮을 것 같아요. 조용히 쉬고 싶거든요.

(5) A: 이 광고지를 누구에게 나누어 줘야 해요?

B: 가능하면 많은 사람들에게 줘야 하니까 길을 지나가는 사람 ____________ 나누어 주세요.

03 -아/어도

1. 알맞은 것을 골라 대화를 완성하세요.

먹다	찾다	외우다	생각하다

(1) A: 열쇠 찾았어요?

B: 아니요. 아무리 ____________ 없어요. 잃어버린 것 같아요.

(2) A: 시험이 얼마 남지 않았는데 공부 다 했어요?

B: 아니요. 아무리 ____________ 책을 덮으면 기억이 안 나요.

(3) A: 유키 씨는 그렇게 많이 먹는데 살이 안 쪄요?

B: 네, 저는 아무리 ____________ 살이 안 쪄요.

(4) A: 아까 그 사람의 이름이 생각났어요?

B: 아니요. 아무리 ____________ 모르겠어요.

2. 알맞은 것을 골라 글을 완성하세요.

찾다	말하다	부르다	기다리다	전화하다

오늘은 너무 힘든 날이었다. 버스를 (1)____________ 오지 않아서 할 수 없이 택시를 타고 출근했다. 회사 앞에서 택시비를 내려고 하는데 아무리 (2)____________ 지갑이 없었다. 그래서 동료들에게 전화했는데 몇 번이나 (3)____________ 아무도 받지 않았다. 택시 기사 아저씨에게 "회사에 가서 돈을 가지고 올게요."라고 (4)____________ 아저씨는 내 말을 믿지 않았다. 마침 김 부장님이 길을 지나가셨다. 그런데 내가 김 부장님을 큰 소리로 (5)____________ 김 부장님은 못 들으셨다. 할 수 없이 택시 아저씨와 함께 회사 안에 들어가서 경비 아저씨에게 돈을 빌렸다.

04 -게 하다

1. 부장님이 과장에게 업무를 지시합니다. 표를 보고 다음 보기와 같이 문장을 완성하세요.

	사람	업무
보기	제이슨	출장 보고서를 쓰다
(1)	박영민	3일 동안 중국 출장을 가다
(2)	크리스	외국 손님을 마중 나가다
(3)	이소라	회의 자료를 만들다

보기 김 과장, 제이슨 씨가 출장 보고서를 쓰게 하세요.

(1) 김 과장, 박영민 씨가 ______________________.

(2) 김 과장, 크리스 씨가 ______________________.

(3) 김 과장, 이소라 씨가 ______________________.

2. 알맞은 것을 골라 대화를 완성하세요.

보다	쉬다	걷다	끊다

(1) A: 선생님, 환자가 수술한 지 얼마 안 됐는데 걸어도 돼요?

B: 네. 환자가 자주 ______________. 그렇게 해야 몸이 빨리 좋아집니다.

(2) A: 아이가 갑자기 눈이 나빠졌어요.

B: 우선 아이가 텔레비전을 가까이에서 못 ______________.

(3) A: 저희 어머니께서 요즘 항상 피곤해하세요.

B: 그럼 며칠 동안 집에서 푹 ______________.

(4) A: 남자 친구가 요즘 몸이 안 좋은 것 같아요.

B: 남자 친구가 담배를 많이 피우는 것 같던데 우선 담배를 ______________.

말해 봅시다

1. 다음 물음에 답하세요.

(1) 상대방의 부탁을 들어준 후 안심시키려고 합니다. 이때 어떻게 말할까요?

A: 제이슨 씨, 저희 강아지를 좀 부탁드리려고 하는데 괜찮으시겠어요?
B: 네. ______________________________.

① 신경 좀 쓰세요　　② 마음을 놓지 마세요
③ 마음 놓고 볼일 보고 오세요

(2) 감사 인사에 대해 어떻게 대답할까요?

A: 이렇게 도와주셔서 감사합니다.
B: ______________________________.

① 별말씀을 다 하세요　　② 그렇게 말하면 안 돼요
③ 그런 말은 좋지 않아요

(3) 식습관의 중요성에 대해 말하려고 합니다. 이때 어떻게 말할까요?

A: 성인병 예방을 위해서는 어떻게 해야 하나요?
B: ______________________________.

① 특히 식습관을 조심하고 있어요　　② 무엇보다 식습관에 신경 써야 해요
③ 평소 식습관보다 중요한 게 많아요

(4) 성인병의 위험에 대해 말하려고 합니다. 이때 어떻게 말할까요?

A: 요즘 갑자기 몸무게가 많이 늘었어요.
B: ______________________________.

① 체중이 갑자기 늘어서 성인병에 걸렸어요
② 체중이 갑자기 늘면 성인병을 조심하게 돼요
③ 체중이 갑자기 늘면 성인병에 걸릴 위험이 높아요

2. 다음 대화를 읽고 물음에 답하세요.

유키	제이슨 씨, ⓐ부탁 좀 해도 될까요?
제이슨	무슨 부탁인데요?
유키	제가 3일 동안 고향에 다녀와야 하는데 제 강아지가 걱정이 돼서요. 3일 동안만 제이슨 씨가 맡아 줄 수 있어요?
제이슨	그럼요. 저는 동물을 좋아하니까 ⓑ____________________.
유키	정말 고마워요.
제이슨	별말씀을요. 그 정도 부탁이면 언제든지 하세요.
유키	강아지 먹이는 이 가방에 있는데 하루에 두 번 주세요. 그리고 여기 약이 있어요. 오늘 저녁과 내일 저녁에 두 번 먹여 주세요. 물도 자주 먹여 주시고요.
제이슨	네, 알겠어요. 또 다른 부탁이 있으면 말씀하세요.
유키	제가 아까 강아지를 목욕시켰으니까 3일 동안은 안 시켜도 돼요.
제이슨	네, 알겠어요. 저도 강아지를 키운 적이 있으니까 걱정하지 말고 잘 다녀오세요.

(1) ⓐ와 바꿔 쓸 수 **없는** 것은 무엇입니까?

① 부탁 좀 들어줄 수 있겠어요

② 부탁할 게 있는데 말씀하겠어요

③ 부탁 좀 드리려고 하는데 괜찮겠어요

(2) ⓑ에 들어갈 말로 알맞은 것은 무엇입니까?

① 뭐든지 좋아요

② 언제든지 맡기세요

③ 어디에든지 놓으세요

(3) 제이슨 씨가 해야 할 일이 **아닌** 것은 무엇입니까?

① 강아지에게 약을 두 번 먹인다.

② 강아지에게 하루 두 번 먹이를 먹인다.

③ 강아지를 맡은 동안 강아지를 목욕시킨다.

3. 다음 대화를 읽고 물음에 답하세요.

전문가 다음 전화 질문을 받겠습니다. 여보세요? 질문이 있으시면 말씀해 주세요.

율리아 네. 저는 대현동에 사는 율리아라고 합니다. 저희 어머니께서 지금 예순다섯 되셨는데 무릎이 자주 아프세요.

전문가 그래요? 무릎이 아프면 운동을 못 하게 되고 운동을 못하면 체중이 늘어서 무릎에 더 안 좋습니다. 그래서 ⓐ무엇보다 체중 관리가 중요하지요.

율리아 저희 어머니께서도 무릎이 아프신 후에 체중이 많이 느셨어요. 그럼 어머니께서 아파하셔도 그냥 ⓑ________________?

전문가 무릎이 아플 때 억지로 운동하시게 하는 것은 좋지 않습니다.

율리아 그럼 어떻게 해야 하나요?

전문가 병원에서 진찰은 받으셨습니까?

율리아 네. 큰 이상은 없었어요. 그래서 아플 때마다 병원에서 물리 치료만 받고 있어요.

전문가 그럼 물리 치료가 끝나면 수영을 하시게 하세요. 그리고 매일 운동량을 늘리면서 걷게 하세요.

율리아 네. 말씀 감사합니다. 많은 도움이 될 것 같습니다.

(1) ⓐ와 바꿔 쓸 수 **없는** 것은 무엇입니까?

① 무엇보다 체중에 신경 써서 생긴 겁니다.

② 무엇보다 체중이 늘지 않게 신경 써야 합니다.

③ 무엇보다 체중이 늘지 않게 관리하셔야 합니다.

(2) ⓑ에 들어갈 말로 알맞은 것은 무엇입니까?

① 운동해요 ② 운동하세요 ③ 운동하시게 하나요

(3) 율리아 씨는 어머니를 위해 무엇을 해야 합니까?

① 건강을 위해 많은 음식을 드시게 한다.

② 물리 치료가 끝난 후에 운동하시게 한다.

③ 체중이 늘지 않게 물리 치료를 받으시게 한다.

읽어 봅시다

1. 다음은 건강 정보의 글입니다. 읽고 물음에 답하세요.

여러분도 이렇게 해 보세요

요즘은 성인뿐만 아니라 어린이들도 스트레스와 좋지 않은 생활 습관 때문에 비만으로 고민하는 경우가 많습니다. 저희 아이도 갑자기 몸무게가 늘어서 걱정을 많이 했는데 다행히 아이가 체중 조절에 성공할 수 있었습니다.

저희 아이는 많은 시간을 책상 앞에만 앉아 있고 운동을 거의 하지 않았습니다. 게다가 채소는 거의 먹지 않고 인스턴트 음식을 즐겨 먹었습니다. 걱정하다가 우연히 집 근처에 요가 학원이 생겨 그곳에 아이를 다니게 했습니다. 처음에는 아이가 힘들어했지만 매일 하루에 1시간씩 운동하게 하니까 몇 달 후부터 효과가 나타나기 시작했습니다. 이제는 아이가 매일 운동을 해도 피곤해하지 않습니다. 운동은 뭐든지 좋겠지만 특히 아이가 좋아하는 운동을 선택해서 꾸준히 시켜 보세요.

그런데 운동을 아무리 해도 식습관을 바꾸지 않으면 건강을 유지하기 어렵습니다. 특히 요즘 아이들은 채소를 안 먹고 칼로리가 높은 음식을 좋아하는데 그러면 비만이 되기 쉽습니다. 그래서 저는 가능하면 칼로리가 높은 음식을 안 먹게 외식을 줄이고 아이가 싫어하는 채소를 아이가 좋아하는 고기와 섞어 조리하는 방법으로 채소를 많이 먹게 했습니다. 이제 우리 아이는 채소도 스스로 먹기 시작하고 편식하는 습관도 고치고 있습니다.

아이들의 생활 습관과 식습관은 평생의 건강에 영향을 줍니다. 지금 바로 아이들의 건강을 위해 아주 작은 노력을 시작해 보세요.

(1) 글을 쓴 목적은 무엇입니까?

① 자신의 아이를 소개하기 위해서

② 자신의 건강 비결을 소개하기 위해서

③ 아이의 체중 조절 방법을 소개하기 위해서

(2) 글의 내용과 같은 것은 무엇입니까?

① 아이들의 비만이 성인 비만보다 더 많다.

② 아이들 비만에는 요가가 가장 효과가 있다.

③ 어렸을 때의 식습관은 평생의 건강에 영향을 준다.

(3) 이 사람이 아이의 건강을 위해 한 일이 **아닌** 것은 무엇입니까?

① 가족 외식을 줄였다.

② 아이가 고기를 못 먹게 했다.

③ 아이에게 매일 1시간씩 요가를 하게 했다.

2. 다음은 블로그에 올라온 애완동물에 대한 정보입니다. 읽고 물음에 답하세요.

ⓐ____________________

최근에 애완동물을 키우는 분들이 많아지고 있는데요. 특히 외출할 때는 애완동물을 안전하게 보호하고 다른 사람들에게 피해를 주지 않게 여러 가지 조심해야 할 일들이 있습니다. 애완동물과 외출할 때는 다음의 주의 사항을 꼭 기억하세요.

1. 애완동물의 배설물은 꼭 치워야 합니다. 그렇지 않으면 벌금을 내야 하지요.
2. 애완동물을 잃어버리지 않도록 여러분의 주소나 전화번호를 써서 달아 주세요.
3. 다른 사람들에게 피해를 주지 않도록 목줄을 꼭 달아 주세요.
4. 외출하기 전에 미리 예방 주사를 맞혀 주세요.
5. 방문하는 곳에 애완동물의 출입이 가능한지 미리 확인하세요. 보통 대형 할인 마트는 입구에서 애완동물을 맡겨야 합니다.

(1) ⓐ에 맞는 제목은 무엇입니까?

① 애완동물을 키울 때 주의 사항

② 애완동물과 외출할 때 주의 사항

③ 애완동물을 구입할 때 주의 사항

(2) 글의 내용과 같은 것은 무엇입니까?

① 애완동물에게 예방 주사를 맞힐 때는 목줄을 달아 주어야 한다.

② 대형 할인 마트 같은 공공장소에 갈 때 애완동물을 데려가면 안 된다.

③ 애완동물과 외출했을 때 배설물을 청소하지 않으면 벌금을 내야 한다.

써 봅시다

다음은 불면증 치료법입니다. 다음을 읽고 불면증 치료법에 대한 글을 완성하세요.

불면증 치료법

첫째, 수면 습관
- 같은 시간에 잠자리에 들고 일어나기
- 30분 이상 낮잠 자지 않기

둘째, 운동 습관
- 낮 시간에 규칙적으로 운동하기
- 잠자기 전에 힘든 운동 피하기

셋째, 식습관
- 과식 안 하기
- 커피, 녹차 등 카페인 음료 피하기
- 자기 전에 따뜻한 우유 마시기

불면증 치료법

밤에 깊은 잠을 자지 못하면 낮에 피로를 느낄 뿐만 아니라 머리가 아프거나 소화가 안 되는 등 여러 가지 증상이 나타난다. 심할 때는 일상생활을 하기 어렵게 된다. 그런데 요즘 불면증으로 고생하는 사람들이 늘고 있다. 그럼 불면증을 치료하기 가장 좋은 방법은 무엇일까?

불면증을 치료하기 위해 먼저 해야 하는 것 중의 하나는 수면 습관을 바꾸는 것이다. ______________________________

____

____

또 운동도 좋은 해결 방법 중의 하나이다. 낮 시간에 운동을 규칙적으로 하면 몸에 피로를 느껴 밤에 잠들기 쉽다. 그렇지만 밤에 힘든 운동을 하는 것은 오히려 잠들기 어렵게 하기 때문에 밤에는 운동을 하는 것은 피하는 것이 좋고 해가 있는 시간에 맑은 공기를 마시면서 하는 게 효과적이다.

그리고 식습관도 불면증에 영향을 준다. ______________________________

____

____

____

밤에 잠들기 힘들 때 이제 이런 방법으로 불면증을 치료해 보는 것은 어떨까?

제 5 과 도시 City

어휘

1. 알맞은 것을 골라 문장을 완성하세요.

신도시	문화 시설	해안 도시

(1) 인천은 바다 옆에 위치한 ____________________이다.

(2) 도시에는 박물관, 공연장, 도서관 같은 ____________________이/가 많아서 편리하다.

(3) 서울 근처에 새로 ____________________이/가 생기면서 서울에 살던 많은 사람들이 그 곳으로 이사했다.

2. 알맞은 것을 골라 대화를 완성하세요.

신중하다	색다르다	이름나다

(1) A: 한국에서 좀 특별한 경험을 해 보고 싶은데 어디에 가는 게 좋을까요?

B: 그럼 인천에 가 보세요. 바다 근처라서 서울과는 다른 ____________________ 추억을 만들 수 있을 거예요.

(2) A: 한국에는 유명한 산이 많아요?

B: 그럼요. 설악산, 한라산 등은 한국에서 모르는 사람이 없는 ____________________ 산이에요.

(3) A: 유학을 갈지 취직을 할지 고민이에요.

B: 아직 시간이 있으니까 급하게 결정하지 말고 ____________________ 생각해 보세요.

3. 알맞은 것을 골라 문장을 완성하세요.

즐겨 찾다　　인심이 좋다　　공기가 탁하다　　마음을 빼앗다　　에너지가 넘치다

(1) 도시 사람들에 비해 지방 사람들은 더 친절하고 ______________________.

(2) 활기차고 ______________________ 젊은 사람들을 보면 기분이 좋아진다.

(3) 이 지역은 공장도 많고 자동차도 많아서 ______________________.

(4) 인사동은 전통적인 볼거리가 많아서 외국인들이 ______________________ 곳이다.

(5) 내 고향은 한국 최고의 관광지인데 특히 그곳의 맛있는 감자 요리는 여행자들의 ______________________.

4. 알맞은 것을 골라 대화를 완성하세요.

현대적　　교육적　　감정적　　역사적

(1) A: 이 동네에 이런 전통적인 건물들이 있었네요. 저는 ______________ 건물들만 있는 줄 알았어요.

B: 그래요? 이 동네는 역사가 오래된 곳이에요.

(2) A: 어제 강화도에 갔었지요? 어땠어요?

B: 좋았어요. 특히 ______________ 볼거리가 많아서 한국 역사에 대해 많이 배울 수 있었어요.

(3) A: 그 사람만 생각하면 아직도 화를 참을 수 없어요. 사람이 어떻게 그럴 수가 있죠?

B: 그 사람도 어쩔 수 없는 상황이었잖아요. 너무 ______________ 생각하지 마세요.

(4) A: 이 책은 아이들이 꼭 읽으면 좋겠어요.

B: 정말 그런 것 같아요. 어려움을 모르는 요즘 아이들에게 ______________ 좋을 것 같아요.

준비합시다

01 -(으)ㄴ/는 반면(에)

1. 다음 표를 보고 문장을 완성하세요.

		장점	단점
(1)	도시	문화 시설이 많다	물가가 비싸다
(2)	지방	집값이 싸다	교통이 불편하다
(3)	대기업	월급을 많이 주다	업무가 많다
(4)	외국 생활	새로운 문화를 경험할 수 있다	문화가 달라 힘든 점도 있다

(1) 도시는 ______________________________.

(2) 지방은 ______________________________.

(3) 대기업은 ______________________________.

(4) 외국 생활은 ______________________________.

2. 다음 대화를 완성하세요.

(1) A: 이 가게는 물건 가격이 싸지요?

B: 네. 하지만 물건 가격이 ______________ 물건 질은 별로 좋지 않아요.

(2) A: 아키라 씨가 사는 원룸은 어때요? 겨울에 따뜻해요?

B: 네. 하지만 겨울에는 ______________ 여름에는 너무 더워요.

(3) A: 영민 씨는 행동이 빠르지요?

B: 네. 그런데 영민 씨는 행동이 ______________ 말은 너무 느려요.

(4) A: 요즘 사람들은 빠른 댄스 음악을 좋아하지요?

B: 네. 젊은 사람들은 댄스 음악을 ______________ 좀 나이가 있는 사람들은 느린 발라드를 좋아하는 것 같아요.

02 만큼

1. 다음 대화를 완성하세요.

(1) A: 인천은 교통이 복잡해요? 서울보다 더 복잡해요?

B: 아니요. ____________________ 복잡하지 않아요.

(2) A: 영민 씨는 키가 커요? 제이슨 씨보다 작지요?

B: 아니요. 영민 씨도 ____________________ 키가 커요.

(3) A: 하숙집 방이 넓어요? 이 교실보다 더 넓어요?

B: 아니요. ____________________ 넓지 않아요.

(4) A: 길이 많이 막혀요? 어제보다 더 막혀요?

B: 아니요. ____________________ 막히지 않아요.

2. 다음 보기와 같이 문장을 바꿔 쓰세요.

보기 여행에서 맛있는 음식이 가장 큰 즐거움을 준다.

⇨ 여행에서 맛있는 음식만큼 큰 즐거움을 주는 것은 없다.

(1) 이번 여행이 제일 좋았다.

⇨ ____.

(2) 우리 반에서 제이슨 씨가 가장 열심히 공부한다.

⇨ ____.

(3) 인생에서 친구가 가장 소중하다.

⇨ ____.

(4) 세상에서 어머니가 나를 가장 잘 이해해 준다.

⇨ ____.

03 -(으)ㄹ걸요

1. 알맞은 것을 골라 ◯ 표 하세요.

(1) A: 크리스마스에 눈이 올까요?

B: 아마 올해도 안 (올걸요, 왔을걸요). 요즘 날씨가 따뜻하잖아요.

(2) A: 백화점에 가려고 하는데 요즘 백화점에서 세일해요?

B: 아마 어제부터 세일을 (시작할걸요, 시작했을걸요).

(3) A: 이번 모임에 사람들이 많이 모일까요?

B: 아니요. 휴가철이라서 안 오는 사람이 (많을걸요, 많았을걸요).

(4) A: 이번 여름은 작년 여름보다 안 덥겠지요?

B: 아마 그렇지 (않을걸요, 않았을걸요). 해마다 여름이 점점 더워지고 있잖아요.

(5) A: 유키 씨는 일본에서 돌아왔어요?

B: 내일부터 수업이 시작되니까 벌써 한국에 (올걸요, 왔을걸요).

2. 다음 대화를 완성하세요.

(1) A: 인천에서는 해산물이 싸요?

B: 안 가 봐서 모르겠지만 바다에서 가까우니까 아마 ______________________.

(2) A: 내일 모임에 유키 씨도 와요?

B: 유키 씨도 회원이니까 아마 ______________________.

(3) A: 설날에 백화점 문을 열까요?

B: 글쎄요, 아마 문을 안 ______________________. 가게들도 다 문을 닫잖아요.

(4) A: 이 서류를 제이슨 씨가 만들었어요?

B: 잘 모르겠지만 아마 제이슨 씨가 ______________________. 제이슨 씨가 하기로 했었잖아요.

04 -(으)ㄹ 만하다

1. 알맞은 것을 골라 대화를 완성하세요.

먹다	부르다	구경하다

(1) A: 저 한국 노래 좀 가르쳐 주세요.

B: 네, 좋아요. 이 노래 어때요? 이 노래는 가사가 쉬워서 제이슨 씨가 ________________
________________________________.

(2) A: 집에 ____________________________ 게 없는데 어떻게 하지요?

B: 그럼 밖에 나가서 사 먹어요.

(3) A: 휴가에 특별한 계획이 없으면 제 고향에 오세요. ____________________________
곳이 꽤 많아요.

B: 그래요? 안 그래도 휴가 때 심심할 것 같았는데 초대해 주셔서 고마워요.

2. 알맞은 것을 골라 글을 완성하세요.

타다	가다	먹다	보다	묵다

인천에 처음 가세요? 그러면 제가 인천에서 (1)____________________ 곳을 소개해 드릴게요. 여러 곳이 있지만 먼저 강화도에 가 보세요. 역사적인 볼거리가 많고 경치도 아름다워서 좋아요. 그리고 1박 2일로 가시면 강화도의 펜션에서 묵으세요. 가격도 괜찮고 시설도 좋아서 (2)____________________. 그리고 석모도에도 한번 가 보세요. 특히 석모도의 해넘이가 (3)____________________. 월미도는 젊은 사람들이 즐겨 찾는 곳인데 그곳에 놀이 기구도 있어요. 놀이 기구가 다양하지는 않지만 한번 (4)____________________. 그리고 인천은 해안 도시라서 해산물이 저렴하고 맛있어요. 특히 바다 근처에서는 생선회와 매운탕이 (5)____________________.

말해 봅시다

1. 다음 물음에 답하세요.

(1) 상대방의 의견을 인정하고 그것과는 다른 의견을 말할 때 어떻게 말할까요?

A: 지방 생활은 서울 생활보다 불편할 것 같아요.
B: ______________________________.

① 네, 맞아요. 저도 지방 생활은 불편할 것 같아요

② 아무래도 지방 생활은 불편하겠지요. 서울 생활만큼 편하지 않을 거예요

③ 아무래도 그렇겠지요. 그렇지만 불편한 반면에 복잡하지 않아서 좋을 거예요

(2) 확실하지 않은 것에 대해 추측해서 답할 때 어떻게 말할까요?

A: 고궁은 휴일에도 문을 열어요?
B: ______________________________.

① 글쎄요. 잘 모르겠어요　　② 잘 모르겠지만 휴일에도 문을 열걸요

③ 물론이지요. 고궁은 휴일에도 문을 열어요

(3) 친구의 직장 결정에 대해 조심스럽게 조언할 때 어떻게 말할까요?

A: ______________________________?
B: 네, 고마워요. 좀 더 생각해 볼게요.

① 회사 전망이 괜찮으면 그냥 결정하지요

② 회사가 괜찮으면 그냥 다니지 왜 안 다녀요

③ 회사 전망을 꼼꼼히 알아보고 결정하는 게 어떨까요

(4) 어떤 일을 결정하지 못해서 고민입니다. 이때 어떻게 말할까요?

A: 무슨 고민 있어요?
B: ______________________________.

① 합격한 회사에 갈까 말까 고민이에요　　② 그 회사에 합격하지 못해서 걱정이에요

③ 그 회사에 합격하지 못할까 봐 고민이에요

2. 다음 대화를 읽고 물음에 답하세요.

제임스 영민 씨, 취업 준비는 잘하고 있어요?
영민 네. 벌써 한 회사에 취직됐어요.
제임스 그래요? 잘됐네요. 그런데 표정이 왜 그래요? 무슨 고민 있어요?
영민 네. 합격한 회사에 갈까 말까 고민이에요.
제임스 왜요? 그 회사가 마음에 안 들어요?
영민 그런 건 아닌데 그 회사에 입사하면 외국에서 근무해야 해요. ⓐ그게 좀 마음에 걸려요. 부모님과도 헤어져야 하고 저는 그 나라 언어도 서투르거든요.
제임스 그럼 좀 걱정되겠어요.
영민 네. 외국 생활은 불편하겠지요?
제임스 아무래도 그렇겠지요. 한국 생활만큼 편하지는 않을 거예요. 그렇지만 불편한 반면에 좋은 점도 많을 거예요. 처음에는 의사소통이 되지 않아 힘들겠지만 그 나라 언어를 배울 수 있는 좋은 기회가 될 거예요.
영민 그렇겠네요. 새로운 경험도 할 수 있고요.
제임스 외국 생활도 괜찮은 점이 많으니까 회사 전망이 어떤지 업무가 적성에 맞는지 신중하게 생각해 보고 결정하세요.
영민 고마워요, 제임스 씨. 좀 더 고민해 볼게요.

(1) ⓐ와 바꿔 쓸 수 **없는** 것은 무엇입니까?

① 외국에서 근무하는 게 신경 쓰여요.

② 한국을 떠나 외국으로 가게 돼서 마음 아파요.

③ 외국에서 근무하는 것 때문에 결정을 쉽게 못 하겠어요.

(2) 외국 생활의 장점은 무엇입니까?

____.

(3) 대화 내용과 같은 것은 무엇입니까?

① 영민 씨는 합격한 회사에 가기로 결심했다.

② 영민 씨는 합격한 회사의 일이 적성에 맞지 않는다.

③ 영민 씨가 합격한 회사에 들어가면 외국에서 근무해야 한다.

3. 다음 대화를 읽고 물음에 답하세요.

창호 왕치엔 씨, 이번 방학에 뭐 할 거예요?

왕치엔 친구들이 한국에 와요. 그래서 같이 여행을 하려고 해요.

창호 그래요? 어디에 갈 거예요?

왕치엔 아직 결정 못 했어요. ⓐ갈 만한 곳이 있으면 창호 씨가 추천해 주세요. 3박 4일 정도 가려고 하는데 어디가 좋을까요?

창호 친구들은 어떤 것에 관심이 있어요?

왕치엔 친구들이 한국에 처음 오니까 볼거리가 많은 곳이면 좋겠어요.

창호 볼거리가 많은 곳이요? ⓑ____________________.

왕치엔 부산하고 경주는 이야기 많이 들었는데 아직 못 가 봤어요.

창호 부산과 경주는 외국인들이 즐겨 찾는 곳이에요. 부산은 특히 젊은 사람들이 아주 좋아해요. 부산에서는 해운대와 태종대가 가 볼 만해요. 그리고 경주는 역사적인 볼거리가 아주 많아요. 친구들이 한국 역사에 관심이 있으면 가 볼 만해요.

왕치엔 그래요? 그런데 요즘 기차표가 있을까요?

창호 휴가철이 아니라서 있을걸요. 제가 인터넷에서 찾아봐 줄게요.

왕치엔 네, 고마워요. 벌써부터 기대가 되는데요.

(1) ⓐ와 바꿔 쓸 수 **없는** 것은 무엇입니까?

① 여행할 만한 곳이 별로 없지요

② 여행갈 만한 곳을 추천해 주시면 좋겠어요

③ 여행 가기에 좋은 곳이 있으면 말해 주세요

(2) ⓑ에 들어갈 말을 쓰세요.

____.

(3) 대화 내용과 **다른** 것은 무엇입니까?

① 부산에는 역사적인 볼거리가 많다.

② 부산과 경주에 외국 관광객이 많다.

③ 왕치엔은 볼거리가 많은 곳을 추천받고 싶다.

읽어 봅시다

1. 다음은 여행 경험에 대한 글입니다. 읽고 물음에 답하세요.

ⓐ ______________________

서울 생활은 편한 반면에 늘 긴장되고 스트레스가 많다. 그래서 내가 지친 몸과 마음을 쉬고 싶을 때마다 찾는 곳이 있다. 그곳이 바로 내 마음의 고향, 속초이다. 속초는 설악산으로 이름난 곳이기도 하지만 나와 제일 친한 한국 친구의 고향이다. 나는 2년 전 가을 그 친구를 만나러 처음으로 속초에 갔다. 속초 시내에서 조금 떨어진 친구 집에 도착하자마자 친구의 가족은 아주 반갑게 나를 맞아 주었다.

친구 집에서 하루를 묵은 후, 다음 날 친구와 나는 설악산을 찾았다. [A] 그런데 갑자기 안개가 사라지고 보이지 않던 산이 모습을 드러냈다. 그때 그 감동은 지금도 잊을 수 없다. [B] 산에서 내려와서 채소가 가득한 비빔밥을 먹은 후 친구는 설악산에서 멀지 않은 곳에 있는 온천으로 나를 안내했다. [C] 따뜻한 물에 몸을 담그자마자 등산의 피로가 한꺼번에 사라지는 느낌이었다.

다음 날은 친구의 차를 타고 바다 근처 도로를 따라 바다를 구경했다. 시원한 바람이 부는 가을 바다는 내 몸과 마음에 쌓여 있던 스트레스를 한 번에 풀어 주었다. 특히 바닷가 근처의 횟집에서 먹은 생선회는 다른 곳에서는 맛볼 수 없는 특별한 맛이었다.

벌써 한국에서 3년째 살고 있지만 속초만큼 나의 마음을 빼앗은 곳은 없었다. 누구든지 마음이 답답할 때 가 볼 만한 곳이 바로 속초이다. 속초에 다녀오면 나처럼 다시 활기찬 생활을 할 수 있을 거다.

(1) ⓐ에 맞는 제목은 무엇입니까?

① 속초 가는 길　② 내 마음의 고향, 속초

③ 여름에 한국인들이 즐겨 찾는 곳, 속초

(2) 글의 내용과 같은 것은 무엇입니까?

① 속초에서 둘째 날 설악산에 갔다.　② 한국 친구는 속초에서 혼자 살고 있다.

③ 안개 때문에 설악산을 제대로 볼 수 없었다.

(3) 다음을 시간 순서대로 맞게 배열한 것은 무엇입니까?

㉠ 비빔밥을 먹었다	㉡ 온천에 갔다	㉢ 생선회를 먹었다
㉣ 바다를 구경했다	㉤ 설악산에 올라갔다	

① ㉠-㉡-㉢-㉣-㉤　　② ㉤-㉠-㉡-㉣-㉢　　③ ㉤-㉠-㉢-㉡-㉣

(4) 다음 내용이 들어갈 부분으로 알맞은 곳은 어디입니까?

> 네 시간을 넘게 걸은 후, 산 정상에서 산 아래를 보았는데 안개 때문에 산의 모습은 보이지 않고 내 몸은 구름 속 한가운데에 서 있었다.

① [A]　　② [B]　　③ [C]

2. 다음은 지역 축제 광고의 글입니다. 읽고 물음에 답하세요.

제25회 이천도자기축제

기간: 20○○. 9. 24(토)~20○○. 10. 23(일) 30일간
※ 개막식 9월 24일 오후 3시 30분(설봉공원)
시간: 주중 오전 10시~오후 6시
주말 오전 9시~오후 7시
장소: 설봉공원 및 도예촌
주제: 세계의 도자기
문의: 이천도자기축제 추진위원회 031-644-2942
주요 행사: 도자기 할인 판매, 세계 도자기 전시, 도자기 제작 체험, B-boy 공연, 사물놀이 공연, 불꽃놀이 등

※ 체험 프로그램 참가 희망자는 홈페이지 http://www.ceramic.or.kr에서 예약하세요.
※ 행사 일정은 홈페이지를 참조하세요.

(1) 이 광고를 보고 적절한 행동을 한 사람은 누구입니까?

① 홈페이지에서 도자기 할인 판매 일정을 확인했다.

② 도자기 축제를 보기 위해 금요일 오후 6시에 이천 도예촌에 갔다.

③ 개막식을 보기 위해 10월 23일 3시 30분에 이천 설봉공원에 갔다.

써 봅시다

다음은 서울에 대한 소개입니다. 다음을 읽고 서울을 여행지로 소개하는 글을 완성하세요.

서울의 볼거리

역사적인 볼거리(창덕궁, 경복궁 등 고궁)
현대적인 볼거리(청계천, 63빌딩, 백화점, 동대문 시장 등)

서울의 먹을거리

김치찌개, 비빔밥, 불고기, 삼계탕 등 한국 전통 음식

과거와 현재가 만나는 곳, 서울

서울은 한국의 수도로 1000만 명의 사람들이 살고 있는 세계적인 도시이다. 서울은 옛 조선의 수도로 역사적인 볼거리뿐만 아니라 현대적인 볼거리도 많은 곳이다. 과거와 현재가 함께 있는 서울은 여행객들의 마음을 빼앗을 만하다.

서울에서는 여러 개의 고궁이 여행객들을 기다리고 있다. ________________

____

____

또한 서울에는 현대적인 볼거리도 가득하다. ________________

____

____

____

여행에서 맛있는 음식만큼 큰 즐거움을 주는 것도 없다. ________________

____

____

과거와 현재를 모두 만날 수 있는 도시 서울, 한국의 모습을 보면서 색다른 추억을 만들고 싶으면 서울을 방문해 보면 어떨까?

제 6 과 소식과 정보

News & Information

어휘

1. 알맞은 것을 골라 문장을 완성하세요.

공고가 나다　　관심을 끌다　　연락이 오다

(1) 회사 홈페이지에 다음 달로 예정된 야유회에 대한 ______________.

(2) 해외로 배낭여행을 떠난 동생에게서 오랫동안 ______________ 않아서 집안 식구들이 모두 걱정하고 있다.

(3) 부모의 ______________ 일부러 나쁜 행동을 하는 아이들도 있다고 한다.

2. 알맞은 것을 골라 대화를 완성하세요.

타다　　남다　　챙기다　　주고받다

(1) A: 올해 겨울은 작년보다 훨씬 더 추워질 거라고 해요.

B: 그래요? 저는 정말 추위를 심하게 ______________ 벌써부터 걱정이네요.

(2) A: 수업 중에 통화를 하거나 문자 메시지를 ______________ 안 됩니다.

B: 죄송합니다. 다음부터 주의하겠습니다.

(3) A: 오늘 제이슨 씨가 왜 저렇게 피곤해해요?

B: 어제 밤늦게까지 회사에 혼자 ______________ 밀린 일을 다 했다고 하던데요.

(4) A: 뭐 하고 있어요?

B: 내일 갑자기 지방 출장을 가게 돼서 필요한 물건을 ______________ 있어요.

3. ________에 공통으로 들어갈 단어를 고르세요.

(1)

- 출발하기 전에 여행 가방에 ________ 물건이 없는지 다시 한 번 봐야 한다.
- 이번 동창 모임에 ________ 안 되는데 이번에도 출장 때문에 못 갈 것 같다.
- 두 달째 다이어트를 하고 있지만 살이 ________ 않아서 다이어트를 그만두고 싶다.

① 넣다　　② 빠지다　　③ 나오다

(2)

- 나는 아무 음식이나 ________ 않고 잘 먹는다.
- 햇빛이 너무 강해서 손바닥으로 해를 ________.
- 안개에 ________ 앞이 잘 안 보일 때 운전하는 것은 매우 위험하다.

① 막다　　② 가리다　　③ 고르다

4. 알맞은 것을 골라 대화를 완성하세요.

덧문	덧버선	덧입다	덧나다

(1) A: 오늘 정말 춥네요. 수진 씨는 옷을 얇게 입어서 더 춥겠어요.

B: 아니에요. 별로 춥지 않아요. 얇은 옷을 여러 개 ________________.

(2) A: 이 집은 너무 오래돼서 겨울에 너무 추워요.

B: 창문에 ________________을 달아 보세요. 그럼 난방 효과가 좀 있을 거예요.

(3) A: 며칠 전에 뜨거운 물에 조금 데었는데 가려워서 못 참겠어요.

B: 상처가 낫기도 전에 그렇게 자꾸 만지면 ________________. 조심하세요.

(4) A: 아이 추워. 엄마, 방이 왜 이렇게 추워요? 발이 너무 시려요.

B: 난방 시설이 고장 나서 그래. 발이 너무 시리면 이 ________________을 신어.

준비합시다

01 -ㄴ/는다고 하다

1. 다음 표를 완성하세요.

기본형	평서문 과거 (-았/었다고 하다)	평서문 현재 (-(ㄴ/는)다고 하다)	평서문 미래 (-(으)ㄹ 거라고 하다)
바쁘다			×
어렵다			×
공부하다			
듣다			
살다			
돕다			
(친구)이다			×
(학생)이다			×

2. 다음 보기와 같이 문장을 바꿔 쓰세요.

보기 율리아: "이건 한국어 책이 아니에요."

⇨ 율리아 씨가 이건 한국어 책이 아니라고 했어요.

(1) 하오밍 : "이 식당은 비빔밥이 아주 맛있어요."

⇨ ______________________________.

(2) 왕치엔 : "김밥을 아주 좋아해서 거의 매일 김밥을 먹어요."

⇨ ______________________________.

(3) 박영민 : "지난 주말에 동료들과 함께 등산을 했어요."

⇨ ______________________________.

02 -냐고 하다

1. 다음 표를 완성하세요.

기본형	의문문 과거 (-았/었냐고 하다/묻다)	의문문 현재 (-냐고 하다/묻다)	의문문 미래 (-(으)ㄹ 거냐고 하다/묻다)
바쁘다			×
적다			×
춥다			×
마시다			
듣다			
살다			
돕다			
(기자)이다			×
(학생)이다			×

2. 다음 보기와 같이 문장을 바꿔 쓰세요.

보기 흐엉: "유키 씨, 어느 나라에서 왔어요?"

⇨ 흐엉 씨가 유키 씨에게 어느 나라에서 왔냐고 했습니다.

(1) 율리아 : "아키라 씨, 수업 후에 시간 있어요?"

⇨ ______________________.

(2) 제이슨 : "수진 씨, 주말에 뭐 할 거예요?"

⇨ ______________________.

(3) 수진 : "마리 씨, 어디에서 살아요?"

⇨ ______________________.

03 -자고 하다, -(으)라고 하다

1. 다음 표를 완성하세요.

기본형	청유문 (-자고 하다)	명령문 (-(으)라고 하다)
공부하다		
먹다		
살다		
듣다		
줍다		

2. 다음 보기와 같이 문장을 바꿔 쓰세요.

보기 수진: "유키 씨, 점심을 먹읍시다."라고 했습니다.

⇨ 수진 씨가 유키 씨에게 점심을 먹자고 했습니다.

(1) 줄리앙 : "왕치엔 씨, 오늘은 추우니까 밖에 나가지 맙시다."

⇨ ______________________________.

(2) 선생님 : "내일까지 숙제를 제출하세요."

⇨ ______________________________.

(3) 하숙집 아주머니 : "반찬을 남기지 마세요."

⇨ ______________________________.

(4) 유키 씨 : "마리 씨, 사전 좀 빌려 주세요."

⇨ ______________________________.

(5) 제이슨 씨 : "하오밍 씨, 이 책 좀 마리 씨에게 주세요."

⇨ ______________________________.

04 -ㄴ/는다면서요

1. 다음 대화를 완성하세요.

(1) A: 유키 씨가 새로 이사 간 집이 아주 ____________________?

B: 네, 저도 가 봤는데 아주 넓던데요.

(2) A: 흐엉 씨, 한국어뿐만 아니라 영어도 아주 ____________________?

B: 아니에요. 영어는 잘 못 해요.

(3) A: 왕치엔 씨, 중국에서는 설날에 만두를 ____________________?

B: 네. 한국 사람들이 설날에 떡국을 먹는 것처럼 중국에서는 만두를 먹어요.

(4) A: 줄리앙 씨, 프랑스는 포도주가 ____________________?

B: 네. 프랑스는 포도주가 아주 유명해요. 종류도 다양하고 맛도 좋거든요.

(5) A: 영민 씨, 지난 주말에 제주도에 ____________________?

B: 제주도요? 제주도가 아니라 부산에 다녀왔어요.

2. 알맞은 것을 골라 ◯ 표 하세요.

(1) A: 제이슨 씨가 미국에서 유명한 (요리사라면서요, 요리사였다면서요)?

B: 네, 지금은 요리를 안 하지만 손을 다치기 전에 정말 요리를 잘했다고 들었어요.

(2) A: 마리 씨가 학교를 (그만둘 거라면서요, 그만두었다면서요)?

B: 네. 건강이 너무 안 좋아져서 공부를 계속하기 어렵다고 해요. 그래서 이번 학기까지만 다니고 고향으로 돌아간다고 하던데요.

(3) A: 유키 씨, 학교 앞 하숙집에서 (산다면서요, 살 거라면서요)? 그 하숙집은 어때요?

B: 우리 하숙집요? 하숙비도 비싸지 않고 아주머니도 친절해서 정말 좋아요.

A: 그래요? 저도 그 하숙집 한번 가 봐야겠네요.

(4) A: 언니, 많이 (아프다면서요, 아팠다면서요)? 이제는 괜찮아요?

B: 응. 감기 때문에 정말 고생했는데 지금은 다 나았어. 고마워.

말해 봅시다

1. 다음 물음에 답하세요.

(1) 초대받은 파티에 당연히 참석한다고 말하려고 합니다. 이때 어떻게 말할까요?

A: 오늘 마리 씨 생일 파티에 갈 거지요?
B: ______________________.

① 제가 빠지면 안 되지요

② 빠지지 않도록 조심하세요

③ 그런 자리는 좀 부담이 돼요

(2) 친구의 제안에 동의할 때 어떻게 말할까요?

A: 민정 씨 생일 선물을 인터넷 쇼핑몰에서 사는 건 어떨까요? 더 싸게 살 수 있으니까요.
B: ______________________.

① 그게 좋겠어요

② 저도 좋아해요

③ 좋은 말이에요

(3) 다른 사람에게서 들은 정보를 확인하려고 할 때 어떻게 말할까요?

A: 수진 씨가 다음 학기에 일본으로 어학연수를 ______________?
B: 네. 저도 그렇게 들었어요.

① 갈 거예요　　② 간다면서요　　③ 가냐고 했어요

(4) 상대방의 제안에 자신도 그런 계획이 있었다고 말할 때 어떻게 말할까요?

A: 주말에 이 연극 같이 보러 갈래요?
B: ______________________.

① 안 그래도 벌써 그 연극을 봤어요

② 다행이네요. 저도 그 연극을 보러 가자고 했거든요

③ 잘됐네요. 마침 저도 그 연극을 보러 가려고 했거든요

2. 다음 대화를 읽고 물음에 답하세요.

마리 아키라 씨, 어제 창호 씨한테서 메일이 왔는데요.
아키라 창호 씨한테서요? 무슨 메일요?
마리 창호 씨가 다음 주에 식당을 여는데 우리를 초대하고 싶다고 해요. 아키라 씨도 올 수 있냐고 물어보던데 같이 갈 거죠?
아키라 그럼요. 저도 창호 씨 친구인데 당연히 가야지요. 그런데 개업식은 언제 한다고 해요?
마리 이번 주 토요일 오후 1시라고 하네요.
아키라 식당이 어디에 있는데요?
마리 학교 후문 바로 맞은편에 있다고 했어요.
아키라 아, 학교 근처라서 가기 쉽겠네요. 그런데 개업식 선물로는 뭐가 좋을까요? 개업식에 ⓐ__________________.
마리 ⓑ__________________ 보통 개업식에 초대를 받아서 갈 때는 화분 같은 작은 선물을 한다고 해요.
아키라 그럼 우리가 돈을 모아서 같이 선물을 준비하면 어떨까요?
마리 그래요. 그게 좋겠어요.
아키라 그럼 이번 주말쯤 시간을 내서 같이 사러 갈까요?
마리 좋아요.

(1) ⓐ에 들어갈 말로 알맞은 것은 무엇입니까?

① 그냥 가는 게 예의지요　　② 빈손으로 가면 실례잖아요

③ 아무것도 가져 오지 마세요

(2) ⓑ에 들어갈 말로 알맞지 않은 것은 무엇입니까?

① 한국 친구들 말로는　　② 한국 친구들이 말하면

③ 한국 친구들이 그러는데

(3) 대화의 내용과 같은 것은 무엇입니까?

① 이 사람들은 각자 선물을 준비하기로 했다.

② 이 사람들은 친구의 개업식에 함께 갈 것이다.

③ 이 사람들은 창호 씨가 취직한 식당에 가려고 한다.

3. 다음 대화를 읽고 물음에 답하세요.

줄리앙 하오밍 씨, 오늘 홈페이지에 올라 온 '산 지킴이' 동호회 회원 모집 공고 봤어요?

하오밍 아니요, 못 봤는데요. 그게 무슨 동호회예요?

줄리앙 한 달에 한 번 등산을 하는 동호회인데 등산만 하는 게 아니라 환경 보호를 위해 산에 있는 쓰레기도 줍는다고 하던데요.

하오밍 아, 그래요? 그런 동호회도 있군요.

줄리앙 하오밍 씨도 평소에 동호회 활동에 관심이 많다면서요? 이번에 저와 같이 신청해 볼래요?

하오밍 한번 해 볼까요? 안 그래도 가입할 만한 동호회가 뭐가 없을까 찾고 있었거든요.

줄리앙 ⓐ ____________________. 이런 동호회는 취미 생활을 하면서 좋은 일도 할 수 있으니까 ⓑ일석이조인 것 같아요.

하오밍 네, 맞아요. 그런데 신청은 어떻게 하면 돼요?

줄리앙 인터넷 카페로 신청하라고 하던데 같이 신청할까요?

하오밍 네, 좋아요. 지금 바로 신청합시다. 참, 전에 왕치엔 씨도 등산 동호회에서 회원 모집을 하면 같이 가입하자고 했는데 왕치엔 씨한테도 연락해 볼까요?

줄리앙 좋아요. 그렇게 합시다. 여럿이 하면 더 재미있겠군요.

하오밍 그럼 바로 왕치엔 씨한테 연락할게요.

(1) ⓐ에 들어갈 말로 알맞은 것은 무엇입니까?

① 잘했네요　　② 잘됐네요　　③ 잘될 거예요

(2) ⓑ와 바꿔 쓸 수 **없는** 것은 무엇입니까?

① 일거양득　　② 식은 죽 먹기　　③ 꿩 먹고 알 먹기

(3) 대화의 내용과 **다른** 것은 무엇입니까?

① 하오밍은 왕치엔에게 동호회에 함께 가입하자고 할 것이다.

② 하오밍은 줄리앙 때문에 동호회 활동에 관심을 갖게 되었다.

③ 이 동호회 회원들은 등산을 하면서 산에 있는 쓰레기도 줍는다.

읽어 봅시다

1. 다음은 신문 기사입니다. 읽고 물음에 답하세요.

이화신문

2011.○○.○○

ⓐ ____________________

30년 동안 ㅇㅇ대학 앞에서 하숙집을 운영하고 있는 주인 아주머니가 ㅇㅇ대학에 장학금으로 2억 원을 내놓았다. 이금자 씨(60세)는 어렸을 때 가난한 집에서 자라서 학교에 신고 갈 신발도 없었다고 한다. 그리고 어렵게 고등학교에 진학했지만 결국 학비가 없어서 고등학교를 마치지 못했다.

고등학교를 그만두고 공장에서 일하던 이 씨는 몇 년 후 서울로 올라와서 시장에서 신발 장사를 시작했다. 어느 날 어린 아들이 떡볶이가 먹고 싶다고 하면서 자신에게 떡볶이 장사를 하면 안 되냐고 물었을 때 정말 마음이 아팠다. 그리고 그때 나중에 형편이 나아지면 꼭 어려운 사람을 도와야겠다고 결심했다.

그리고 서른 살 때부터 학교 앞에서 하숙집을 시작했다. 하숙집을 운영하다가 건물 월세를 내지 못해서 하숙을 중단하기도 했다. 하지만 학생들을 잊지 못해서 다시 하숙집을 시작했다. 그때 이 씨는 자신도 힘들었지만 돈이 없어서 하숙비를 못 내는 학생들에게 괜찮으니까 걱정하지 말라고 하면서 오히려 밥을 더 주었다고 한다.

이 씨는 그동안 자신의 집에서 하숙을 했던 학생들이 1000명은 더 될 거라고 하면서 그 학생들이 찾아와 '이모, 고생 많이 하셨어요.'라고 인사를 할 때가 가장 뿌듯하다고 했다. 그는 앞으로도 어려운 학생들을 위해 무료로 하숙을 제공하고 장학금도 계속 주고 싶다고 했다. 그리고 세상 사람들 모두가 서로 도우면서 살자고 덧붙여 말했다.

이신우 기자

(1) ⓐ에 맞는 기사 제목은 무엇입니까?

① '하숙집 아주머니' 마침내 성공하다
② '하숙집 아주머니' 대학에 큰돈 기부
③ '하숙집 아주머니' 무료로 하숙 제공

(2) 이 사람이 한 일을 모두 고르세요.

① 신발 장사
② 식당 운영
③ 떡볶이 장사
④ 하숙집 운영
⑤ 공장 일

(3) 글의 내용과 같은 것은 무엇입니까?

① 이 사람은 고등학교를 마치고 서울로 올라왔다.

② 이 사람은 장사를 할 때 어려운 사람을 돕기로 결심했다.

③ 이 사람은 건물 월세를 받지 못해서 하숙을 그만둔 적이 있다.

2. 다음은 한 설문 조사 결과입니다. 읽고 물음에 답하세요.

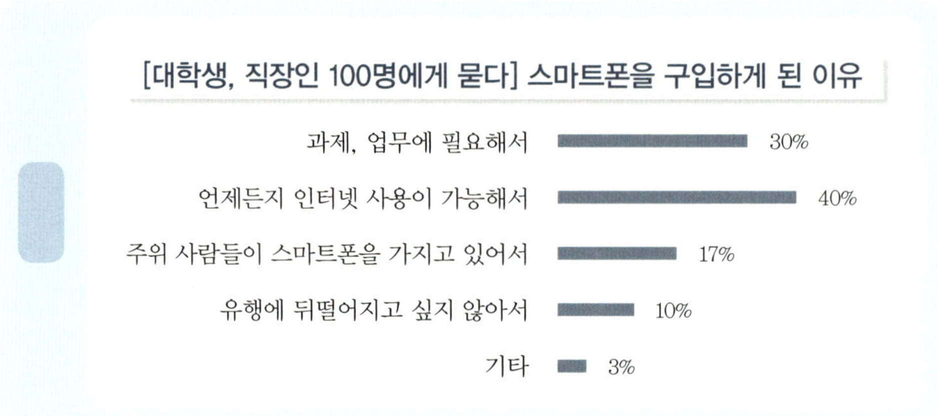

(1) 이것은 누구를 대상으로 조사한 것입니까?

____

(2) 글의 내용과 <u>다른</u> 것은 무엇입니까?

① 100명 중의 10명은 유행을 따라가려고 스마트폰을 샀다고 했다.

② 가장 많은 사람들이 인터넷 사용이 편리해서 스마트폰을 샀다고 했다.

③ 숙제나 일 때문에 스마트폰을 샀다고 말한 사람들이 세 번째로 많았다.

메모

써 봅시다

다음은 친구에게서 받은 메일입니다. 다음을 읽고 도움을 요청하는 편지의 글을 완성하세요.

수진 씨,

제가 다음 달에 중국으로 여행을 가려고 해요. 그곳에 사는 수진 씨 친구 하오밍 씨에게 몇 가지 좀 물어봐 줄 수 있어요? 그런데 우리 부부 둘만 여행을 할 건데 아무래도 중국어를 못하니까 조금 걱정이 돼요. 하오밍 씨가 한국어를 잘하니까 하오밍 씨에게 안내를 부탁해도 될까요? 그리고 그곳에서 하루 정도 스쿠버 다이빙을 하고 싶은데 추천할 만한 스쿠버 다이빙 전문 여행사가 있는지 알고 싶어요. 수진 씨, 부탁해요.

이소라 드림

제목 하오밍 씨, 부탁이 있어요.

하오밍 씨, 그동안 잘 지냈어요? 얼마 전에 그쪽에 태풍이 와서 피해가 컸다면서요? 하오밍 씨에게는 별문제 없는지 정말 궁금해요. 저는 요즘도 회사일 때문에 정신없이 보내고 있어요.

사실 하오밍 씨에게 부탁할 게 있어서 연락을 했어요. ________________

____

____

____

____

____

갑자기 이런 부탁을 하게 돼서 정말 미안해요. 번거롭겠지만 부탁해요. 고마워요. 연락할게요. 건강하게 잘 지내요.

서울에서 수진 드림

Man & Woman

제 7 과 남자와 여자

어휘

1. 알맞은 것을 골라 문장을 완성하세요.

불평하다 **변명하다** **인정하다** **반복하다**

(1) 나는 이 회사를 다니는 동안 적은 월급에 대해 한 번도 ________________ 적이 없다.

(2) 한 번 말한 것을 다시 ________________ 필요가 없다고 생각해서 대답하지 않았다.

(3) 그것은 나의 잘못이 분명해서 뭐라고 ________________ 수 없는 일이다.

(4) 잘못을 지적받을 때 잘못을 ________________ 고쳐야 발전할 수 있다.

2. 알맞은 것을 골라 대화를 완성하세요.

번번이 **도대체** **일부러**

(1) A: 유키 씨, 책 좀 같이 볼 수 있어요? 오늘도 책을 안 가지고 왔어요. ________________ 미안해요.

B: 아니에요. 같이 봐요.

(2) A: 유키 씨가 학교를 그만뒀다면서요?

B: 네. 그런데 ________________ 왜 학교를 그만둔 건지 잘 모르겠어요.

(3) A: 바쁜데 ________________ 시간 내서 와 줘서 고마워.

B: 아니야. 네 결혼식인데 꼭 와야지.

3. ________에 공통으로 들어갈 단어를 고르세요.

(1)
- 매일 쓰는 화장품이 거의 다 ________.
- 식탁 위에 있던 포크가 아래로 ________.
- 나는 운전면허 시험에 여러 번 ________.

① 쏟아지다 ② 떨어지다 ③ 망가지다

(2)
- 지하철 요금 ________을/를 반대하는 사람들이 많다.
- 내 동생은 ________이/가 좋다는 말을 자주 듣는다.
- 그 영화에서 가장 ________깊은 장면은 마지막 장면이었다.

① 인정 ② 인사 ③ 인상

4. 알맞은 것을 골라 대화를 완성하세요.

자랑스럽다	자연스럽다	어른스럽다	걱정스럽다

(1) A: 요즘 제이슨 씨가 말도 잘 안 하고 밥도 잘 안 먹는 것 같아요.
B: 맞아요. 제이슨 씨 볼 때마다 무슨 일이 있는 것 같아서 ________.

(2) A: 저희 아들이 이번 전국 영어 말하기 대회에서 1등을 했어요.
B: 그래요? 축하해요. 그 대회에서 1등 하기 어렵잖아요. 아들이 ________
________.

(3) A: 두 사람이 언제부터 친했어요?
B: 이번 학기에 수업을 같이 들으면서 ________ 친해졌어요.

(4) A: 누구한테서 받은 편지예요?
B: 초등학교에 다니는 아들한테서요. 어린 줄만 알았는데 이제 다 큰 것 같아요. 편지를 아주
________ 썼네요.

준비합시다

01 -는 바람에

1. 알맞은 것을 찾아 연결하고 문장을 완성하세요.

(1) 기숙사에서 급히 나왔다 ·	· ① 자다가 깼다
(2) 밤늦게 전화벨이 울렸다 ·	· ② 휴대 전화를 방에 놓고 나왔다
(3) 부장님이 퇴근 후에 술을 한잔하자고 했다 ·	· ③ 집에 늦게 들어왔다

(1) 기숙사에서 ______________________________.

(2) 밤늦게 ______________________________.

(3) 부장님이 퇴근 후에 ______________________________.

2. 알맞은 것을 골라 대화를 완성하세요.

지나치다	잃어버리다	배탈이 나다	발을 헛디디다

(1) A: 흐엉 씨, 이번에 한국어능력시험을 왜 안 봤어요?
B: 시험 보는 날 갑자기 ______________ 못 봤어요. 그래서 다음에 보려고요.

(2) A: 안나 씨, 다리 다쳤어요?
B: 네. 어제 계단을 내려오다가 ______________ 넘어져서 다쳤어요.

(3) A: 하오밍 씨, 왜 전화를 안 받았어요? 여러 번 전화했었어요.
B: 제가 어제 휴대 전화를 ______________ 전화를 못 받았어요.

(4) A: 여보세요? 유키, 지금 어디야? 거의 다 왔어?
B: 어. 그런데 깜빡 졸다가 내릴 곳을 ______________ 다시 돌아가고 있어.

02 (이)라도

1. 알맞은 것을 골라 대화를 완성하세요.

전화	지금	늦게

(1) A: 안나 씨, 어제 말도 없이 모임에 안 가서 정말 미안해요.

B: 모임에 못 오면 ______________________ 하지 그랬어요. 계속 기다렸잖아요.

(2) A: 흐엉 씨, 오늘 마리 씨 송별회에 올 수 있지요?

B: 네. 제시간에 못 가면 ______________________ 꼭 참석할게요.

(3) A: 시험이 일주일밖에 안 남았는데 공부를 하나도 못 해서 걱정이에요.

B: ______________________ 늦지 않았으니까 최선을 다해서 준비해 보세요.

2. 대화를 완성하세요.

(1) A: 1인실 있어요?

B: 손님, 죄송합니다. 지금 저희 호텔에는 방이 2인실밖에 없습니다. 1인실은 다 찼습니다.

A: 그러면 ______________________ 주세요.

(2) A: 6시에 식사 예약이 가능한가요? 5명인데요.

B: 6시에는 예약이 꽉 찼는데요. 7시는 어떠세요?

A: 그러면 ______________________ 예약해 주세요.

(3) A: 토마토 주스 두 잔 주세요.

B: 죄송한데 토마토가 지금 다 떨어졌어요. 손님들이 딸기 주스도 많이 찾으시는데 딸기 주스 어떠세요?

A: 그러면 ______________________ 주세요.

03 -(으)ㄹ 텐데

1. 알맞은 것을 찾아 연결하고 문장을 완성하세요.

(1) 급하게 먹으면 체하다 •	• ① 서둘러서 예매하다
(2) 국제 전화를 하면 돈이 많이 들다 •	• ② 인터넷 전화를 이용하다
(3) 밤늦게까지 숙제를 해서 피곤하다 •	• ③ 꼭꼭 씹어서 천천히 먹다
(4) 휴가철이라서 비행기 표가 빨리 매진되다 •	• ④ 오늘은 일찍 들어가서 쉬다

(1) 급하게 먹으면 ______________________________.

(2) 국제 전화를 하면 ______________________________.

(3) 밤늦게까지 숙제를 해서 ______________________________.

(4) 휴가철이라서 ______________________________.

2. 알맞은 것을 골라 대화를 완성하세요.

나다 **맛없다** **바쁘다** **도착하다**

(1) A: 민호 씨, 음식이 식으면 ______________ 일 그만하고 빨리 와서 같이 식사해요.

B: 알겠어요. 이 메일만 보내고 갈게요. 먼저 드세요.

(2) A: 유키한테서 미국에 잘 도착했다고 연락 왔어? 유키가 도착하면 연락한다고 했잖아.

B: 아니, 어제저녁에 ______________ 아직 연락이 없네.

(3) A: 마리 씨, 졸업을 축하해요. 여기 꽃다발 받으세요.

B: 일이 많아서 ______________ 이렇게 와 줘서 고마워요.

(4) A: 줄리앙 씨는 면접시험에 붙었어요?

B: 잘 모르겠어요. 합격자 발표가 ______________ 줄리앙 씨한테서 아무 말도 못 들었어요.

04 -아/어 버리다

1. 알맞은 것을 골라 대화를 완성하세요.

빨다 **지나다** **고장 나다**

(1) A: 엄마! 제 검은색 운동복 못 보셨어요? 지금 입고 나가야 돼요.

B: 더러운 것 같아서 아까 ____________________. 어떻게 하지?

(2) A: 제임스 씨, 요즘은 왜 노트북을 안 들고 다녀요?

B: 7년 동안 쓰던 노트북이었는데 결국 ____________________. 새로 사려고요.

(3) A: 너 수업 신청했어? 언제까지 신청해야 하는 거야?

B: 어머, 어떻게 하지? 신청하는 걸 깜빡했네. 벌써 날짜가 ____________________.

2. 알맞은 것을 골라 글을 완성하세요.

끝나다 **놓치다** **나가다** **출발하다**

이번 학기가 벌써 (1)____________________. 한 학기 동안 친구들과 친해졌는데 헤어지게 돼서 아쉽다. 특히 내가 좋아했던 유키가 내일 일본으로 돌아가서 슬프다. 나는 오늘 수업 후에 유키에게 내 마음을 적은 카드를 주고 싶었다. 그래서 수업이 끝나고 유키에게 다가가려고 했는데 어떤 남학생이 먼저 유키에게 다가왔다. 유키는 그 남학생과 대화를 마치자마자 교실 밖으로 (2)____________________. 나는 손에 든 카드를 어떻게 해야 할지 망설이다가 유키를 따라갔다. 저쪽에 버스를 타려고 하는 유키가 보였다. 유키는 바로 버스에 탔고 그 버스는 (3)____________________. 나는 유키를 따라갈 수 없었다. 결국 나는 유키에게 카드를 전해 줄 기회를 (4)____________________. 이제 이 카드를 어떻게 해야 할까?

말해 봅시다

1. 다음 물음에 답하세요.

(1) 상대방이 하는 말을 부인하고 싶을 때 어떻게 말할까요?

A: 도대체 왜 그래요? 만날 때마다 번번이 늦고.
B: ____________________.

① 내가 몰라서 그랬던 것 같아요
② 내가 만날 때마다 늦기는 하지요
③ 내가 만날 때마다 늦은 건 아니지요

(2) 어떤 일에 대해 너무 화가 나서 할 말을 잃었을 때 어떻게 말할까요?

A: 왜 이렇게 기분이 안 좋아 보여요?
B: 글쎄, 오늘이 제 생일인데 남자 친구가 제 생일인지도 모르고 친구들과 술을 마시고 있어요. 정말 ____________________.

① 뜻밖이네요　② 기가 막혀요　③ 생각이 짧네요

(3) 잘못에 대해 변명하고 싶을 때 어떻게 말할까요?

A: 요즘 전화도 잘 안 받고 문자 메시지에 답도 없고, 도대체 왜 그래요?
B: ____________________.

① 회사 일 때문에 그럴 수도 있어요
② 회사 일이 너무 많아서 못 참겠어요
③ 회사 일이 너무 많아서 어쩔 수 없었어요

(4) 솔직한 대화로 화해하라고 조언하고 싶습니다. 이때 어떻게 말할까요?

A: 헤어지면 후회할 텐데 ____________________.
B: 그게 좋을까요? 그럼 제가 먼저 전화해 봐야겠네요.

① 불만은 말하지 마세요　② 너무 진지하게 말하지 마세요
③ 마음을 터놓고 한번 이야기해 보세요

2. 다음 대화를 읽고 물음에 답하세요.

아내 여보, 왜 이렇게 늦었어요? 민수가 아빠랑 생일 파티 한다고 얼마나 기다렸는지 알아요? 당신 오기만 기다리다가 얼마 전에 잠들었어요.

남편 정말 미안해요. 갑자기 사장님이 한잔하자고 하는 바람에 늦었어요.

아내 그러면 왜 연락도 못 했어요? 전화도 안 받고…….

남편 전화하고 싶었는데 사장님 말씀을 중간에 끊기가 어려웠어요. 연락 못 해서 미안해요.

아내 그럼 ⓐ__________ 보내 주면 좋잖아요.
ⓑ<u>도대체 왜 그래요? 민수 생일 때마다 번번이 늦게 오고</u>.

남편 내가 언제 민수 생일 때마다 늦게 왔어요?

아내 언제 늦게 왔냐고요? 그걸 몰라서 그래요? 작년 민수 생일 때도 그랬고, 재작년도 그랬잖아요.

남편 그동안 회사일이 너무 많아서 어쩔 수 없었어요. 당신도 우리 회사가 얼마나 바쁜지 알잖아요.

아내 여보, 그래도 너무하잖아요.

남편 정말 미안해요. 내년 민수 생일에는 절대 그러지 않을게요.

아내 정말이지요? 한번 믿어 볼게요.

(1) ⓐ에 들어갈 말로 알맞은 것은 무엇입니까?

① 문자 메시지밖에　　② 문자 메시지라도　　③ 문자 메시지만큼

(2) ⓑ와 바꿔 쓸 수 **<u>없는</u>** 것은 무엇입니까?

① 민수 생일 때마다 왜 이렇게 항상 늦어요?

② 민수 생일 때마다 일부러 늦은 건 아니지요?

③ 민수 생일 때마다 너무한 거 아니에요? 항상 늦잖아요.

(3) 대화의 내용과 **<u>다른</u>** 것은 무엇입니까?

① 아빠는 사장님 때문에 집에 늦게 왔다.

② 민수는 자지 않고 아빠를 기다리고 있다.

③ 아빠는 민수와의 약속을 번번이 지키지 못했다.

3. 다음 대화를 읽고 물음에 답하세요.

유키 수진 씨, 창호 씨와 잘 지내요?
수진 아니요. 요즘 창호 씨와 사이가 안 좋아요.
유키 그래요? 무슨 문제 있어요?
수진 창호 씨는 도대체 왜 그러는지 모르겠어요. 연락도 잘 안 하고 문자 메시지에 답장도 빨리 안 해요.
유키 그래요?
수진 글쎄, 지난주에는 저한테 연락을 한 번도 안 하는 거예요.
유키 ⓐ세상에, 말도 안 돼요.
수진 그래서 너무 화가 나서 이제 그만 만나자고 말해 버렸어요.
유키 정말요? 헤어지자고 말했을 때 창호 씨는 뭐라고 했어요?
수진 ⓑ당황했는지 아무 말도 하지 않던데요.
유키 그러면 창호 씨는 수진 씨가 왜 화가 났는지 모르는 거 아니에요? 이렇게 헤어지면 후회할 텐데 수진 씨가 왜 화났는지 솔직하게 이야기해 보세요. 그리고 창호 씨 얘기도 잘 들어 보고요.
수 진 그게 좋을까요? 그런데 지금은 연락하고 싶은 마음이 안 생기네요.

(1) ⓐ와 바꿔 쓸 수 **없는** 것은 무엇입니까?

① 너무 심한데요

② 세상에! 너무 해요

③ 그러는 게 아니에요

(2) ⓑ와 바꿔 쓸 수 있는 것은 무엇입니까?

① 당황해서 말 못 할 수도 있어요

② 당황해서 말 안 하는 게 확실해요

③ 당황해서 그런지 아무 말도 못 하던데요

(3) 대화의 내용과 같은 것은 무엇입니까?

① 유키는 창호를 모른다.

② 수진은 창호에게 불만이 많다.

③ 수진은 창호에게 지금 연락할 것이다.

읽어 봅시다

1. 다음은 이성 문제에 대한 상담의 글입니다. 읽고 물음에 답하세요.

고민 있어요

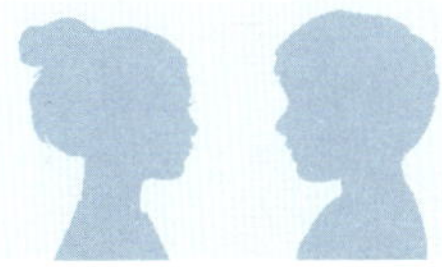

질문 : ⓐ ______________________________

답변 : 남녀가 이성과의 만남과 헤어짐을 경험하는 것은 자연스러운 일입니다. 그렇지만 사귀던 이성과 헤어진 지 얼마가 되지 않았는데 새로운 사람을 만나려고 하는 것은 좋지 않습니다. 바로 새 이성 친구를 사귀기보다는 자신을 돌아보면서 혼자 있는 시간을 충분히 갖는 것이 필요합니다. 그 시간을 통해 새로운 만남을 시작할 수 있도록 자신을 준비할 수 있습니다.

혼자 있는 것이 힘들면 아직 다른 사람을 만날 준비가 되지 않았다는 뜻입니다. 새로 만난 이성 친구도 외로움을 해결해 줄 수 없기 때문입니다. 새로운 사람이 이별의 아픔까지 해결해 줄 것이라고 기대한다면 새롭게 시작한 연애도 실패로 돌아가 버릴 수 있습니다. [A]

또한 무엇이 잘못돼서 전에 사귀던 이성 친구와 헤어졌는지 생각해 봐야 합니다. 상대방의 어떤 점이 자신을 힘들게 했는지, 자신의 어떤 행동이 상대방을 힘들게 했을지 고민해 보면 다음 만남에서 같은 실수를 반복하지 않을 수 있을 것입니다. [B]

이별 후에 바로 새로운 사람을 찾아도 원하는 것처럼 연애가 잘 되지 않을 수도 있고 오히려 얼마 못 가서 헤어질 수도 있습니다. 새로운 사람을 만나게 될 때 자신이 새로운 사람을 만날 준비가 됐는지 충분히 생각해 보고 자신 있게 새로운 만남을 시작하기 바랍니다. [C]

1 [2] [3] [4] [5] [6] [7] [8] [9] [10] ▶▶

전체 1411건 1 / 142 페이지

(1) ⓐ에 맞는 질문은 무엇입니까?

① 좋은 이성 친구를 어떻게 찾을 수 있을까요?

② 헤어진 이성 친구가 다시 만나자고 할 때 어떻게 해야 할까요?

③ 얼마 전에 이성 친구와 헤어졌는데 또 다른 사람과 바로 사귀어도 될까요?

(2) 다음 내용이 들어갈 부분으로 알맞은 곳은 어디입니까?

따라서 새 이성 친구가 자신을 항상 기분 좋게 만들어 줄 것이라는 생각은 버려야 합니다.

① [A] ② [B] ③ [C]

(3) 글의 내용과 **다른** 것은 무엇입니까?

① 혼자 있는 것이 힘들면 빨리 이성을 찾아야 한다.

② 새로운 사람을 만나기 전에 만날 준비가 됐는지 충분히 생각해 보는 것이 좋다.

③ 새로운 사람을 만나기 전에 사귀던 사람과 왜 헤어졌는지 생각해 보는 것이 좋다.

2. 다음은 결혼식 청첩장입니다. 읽고 물음에 답하세요.

이창호 ♡ 김수진

우정으로 7년을 친구로 지냈던 서희가 이제 사랑으로 하나가 됩니다.
가족들과 존경하는 분들을 모시고 그 출발을 하려고 합니다.
오셔서 축복해 주시면 감사하겠습니다.

일시: 20○○년 5월 16일 금요일
시간: 저녁 6시
장소: 서울 호텔

※ 교통 안내: 지하철 2호선 시청역 3번 출구로 나와서 200m 직진.
지하철 1호선 시청역 5번 출구로 나와서 왼쪽으로 100m.
버스 30-5번, 3412번, 3277번 288번 (시청역 앞 하차)

※ 주차 안내: 지하 2-4층에 주차장이 있습니다.

(1) 글의 내용과 같은 것은 무엇입니까?

① 결혼식은 주말 점심에 있다.

② 두 사람은 7년 동안 알고 지냈던 사이이다.

③ 지하철역에서 내리면 결혼식 장소가 바로 보인다.

써 봅시다

다음은 쇼핑에 대한 남녀의 차이를 메모한 것입니다. 다음을 읽고 남녀의 쇼핑 방법 차이에 대한 설명의 글을 완성하세요.

1 쇼핑하기 전에 무엇을 살지 정하지 않음
2 친구와 물건을 찾아 돌아다님
3 물건을 고르는 데 3시간은 걸림

1 쇼핑하기 전에 무엇을 살지 정함
2 살 물건이 있는 곳으로 혼자 바로 감
3 물건을 고르는 데 30분이면 됨

여자가 쇼핑할 때, 남자가 쇼핑할 때

남자와 여자는 다른 별에서 왔다고 할 정도로 많은 차이를 가지고 있는데 그 차이점은 남녀가 하는 말과 행동, 그리고 생각에서 드러난다. 물론 쇼핑을 할 때도 남자와 여자는 상당히 다르다.

여자에게 쇼핑은 여가 활동이다. 여자는 쇼핑을 하면서 기분을 전환하고 스트레스를 푼다. 자신이 갖고 싶은 여러 물건을 눈으로 보고 만지면서 만족을 느낀다. 반면에 남자에게 쇼핑은 물건을 사기 위한 수단이다. 남자는 필요한 물건이 생길 때 쇼핑한다. 따라서 남녀의 쇼핑에는 많은 차이점이 있다.

부부, 또는 연인이 함께 쇼핑을 하러 갈 때 남자와 여자는 같은 일을 하러 같이 가는 것 같지만 사실은 다른 활동을 하러 간다는 것을 기억해야 한다. 여자는 남자를 위해 좀 더 신속하게 물건을 고르고 남자는 여자를 위해 함께 쇼핑을 즐기는 배려가 필요하다. 그래야 남자와 여자가 모두 기분 좋은 쇼핑을 할 수 있을 것이다.

정답

제1과 유학 생활 *Studying Abroad*

어휘

1. (1) 문의하려고 (2) 망설이고 (3) 허락해

2. (1) ② (2) ③

3. (1) 점점 (2) 제대로 (3) 마침내 (4) 혹시

4. (1) 학생답게 (2) 숙녀답게 (3) 아이답지 (4) 너답지

준비합시다

01 -(으)ㄹ까 봐(서)

1. (1) ① (2) ② (3) ④ (4) ③
(1) 올까 봐(서) 우산을 챙겨 왔다
(2) 못 볼까 봐(서) 밤을 새워 공부했다
(3) 벌써 출발했을까 봐(서) 걱정을 하면서 기차역까지 뛰어 갔다
(4) 실수할까 봐(서) 회식 때 술을 조금만 마셨다

2. (1) 추울까 봐(서) (2) 매진될까 봐(서) (3) 먹었을까 봐(서)

02 -게

1. (1) ② (2) ① (3) ④ (4) ③
(1) 지나가게 옆으로 비켜 주세요
(2) 깨지 않게 조용히 말해 주세요
(3) 실수하지 않게 발표 준비를 철저히 하세요
(4) 모두 다 함께 듣게 소리를 크게 해 주세요

2. (1) 잊어버리게 (2) 먹을 수 있게 (3) 확인하게

03 -아/어야

1. (1) ③ (2) ② (3) ④ (4) ①
(1) 있어야 해외여행을 할 수 있다 (2) 내야 원룸을 얻을 수 있다
(3) 따야 요리사로 일할 수 있다 (4) 처방전을 받아야 약을 살 수 있다

2. (1) 예약해야 (2) 있어야 (3) 가져가야 (4) 써야

04 -(으)ㄹ 수도 있다

1. (1) 늦을 수도 있으니까
   (2) 도착했을 수도 있으니까
   (3) 생길 수도 있으니까
   (4) 못 먹을 수도 있으니까

2. (1) 비가 올 수도 있어요　(2) 어려웠을 수도 있어요　(3) 없을 수도 있어요

말해 봅시다

1. (1) ③　(2) ②　(3) ②　(4) ③

2. (1) ③　(2) ②　(3) ③

3. (1) ③　(2) ③　(3) ③

읽어 봅시다

1. (1) ②　(2) ③　(3) ③　(4) ①

2. (1) ③　(2) ①

써 봅시다

기자	도우미 활동을 하게 된 동기는 무엇입니까?
김수진	저는 작년에 일본에 교환 학생으로 갔었는데 그때 일본인 도우미 친구에게서 많은 도움을 받았습니다. 그래서 저도 도우미 활동을 하게 됐습니다.
기자	외국인 친구를 만나서 주로 어떤 활동을 합니까?
김수진	저는 외국인 친구에게 한국어도 가르쳐 주고 여러 가지 한국 생활에 필요한 도움을 주고 있습니다.
기자	도우미 활동을 하면서 보람을 느끼는 순간은 언제입니까?
김수진	제가 돕고 있는 외국인 친구의 한국어 실력이 점점 좋아지는 것을 보면 보람을 느낍니다.
기자	앞으로의 활동 계획은 무엇입니까?
김수진	앞으로도 그 친구가 한국어를 잘할 수 있게 공부를 계속 도와줄 겁니다. 그리고 한국 문화도 체험할 수 있게 서울의 유명한 곳도 함께 방문하려고 합니다.

제2과 감정 *Emotion*

어휘

1. (1) ⑤ (2) ① (3) ② (4) ③ (5) ④

2. (1) 뿌듯해요 (2) 지루했어요 (3) 그리워요 (4) 속상해요 (5) 황홀해요 (6) 답답해요

3. (1) 실감 (2) 첫눈 (3) 말다툼 (4) 야단

4. (1) 마음을 놓으세요
   (2) 마음이 통하는
   (3) 마음이 가볍겠군요
   (4) 마음에 걸려요

준비합시다

01 -아/어 보이다

1. (1) 키가 커 보여요
   (2) 착해 보여요
   (3) 어려 보여요
   (4) 날씬해 보여요
   (5) 맛있어 보이는데

2. (1) 어려워 보여요
   (2) 편해 보여요
   (3) 피곤해 보여요
   (4) 친해 보여요

02 -는 것보다 -는 게 낫다

1. (1) 지하철역 앞에서 만나는 것보다 학교 앞에서 만나는 게 나을 것 같아요
   (2) 벼락치기로 공부하는 것보다 평소에 예습, 복습하는 게 나아요
   (3) 탄산음료를 마시는 것보다 물을 마시는 게 나아요
   (4) 굶는 것보다 소화가 잘되는 음식을 먹는 게 나아요
   (5) 돈을 드리는 것보다 꽃을 선물해 드리는 게 낫지 않을까요

03 -기는 하지만

1. (1) ⑤　(2) ②　(3) ①　(4) ④　(5) ③
   (1) 힘들기는 하지만 일이 적성에 맞고 재미있어요
   (2) 만들기는 하지만 별로 맛이 없어요
   (3) 있기는 하지만 잘 몰라요
   (4) 어렵기는 했지만 재미있었어요
   (5) 배우기는 했지만 아직 자신이 없어요
2. (1) 성실하기는 하지만　(2) 예쁘기는 하지만　(3) 힘들기는 했지만　(4) 먹기는 했지만

04 -던데요

1. (1) 어렵지 않던데요　(2) 매진됐던데요　(3) 재미있던데　(4) 닮았던데요
2. (1) 좋던데요　(2) 읽던데요 / 읽고 있던데요　(3) 먹던데요　(4) 닫았던데요

말해 봅시다

1. (1) ③　(2) ①　(3) ③　(4) ③
2. (1) ②　(2) ②　(3) ③
3. (1) ②　(2) ③　(3) ②

읽어 봅시다

1. (1) ③
   (2) 아주머니의 밝은 노란색 우산처럼 나를 보고 웃던 아주머니의 밝은 미소가 생각나서
   (3) ③
2. (1) ②　(2) ①

써 봅시다

안녕하세요? 김주원 씨! 언제나 방송 잘 듣고 있습니다. 어제 라디오에서 우연히 '친구'라는 노래를 들었는데요. 그 노래 중에서 "친구야, 친구! 나 기억하니? 우리만의 좋은 추억도 기억하니? 네가 항상 옆에 있어서 진심으로 즐거웠고 내 인생도 밝아졌어."라는 가사가 제 마음에 와 닿아서 이렇게 글을 올립니다.

제3과 여가 생활 *Leisure*

어휘

1. (1) 저렴해서 (2) 해소하기 (3) 탈피했어요 (4) 착각해요 (5) 독특한 (6) 추억할

2. (1) ② (2) ①

3. (1) 시간이 날 때마다 (2) 시간을 쪼개서 (3) 시간을 벌려고 (4) 시간을 보냈어요

준비합시다

01 -지그래요

1. (1) 가지그래요
   (2) 이용하지그래요
   (3) 입지그래
   (4) 사지그래요
   (5) 쉬지그래요
   (6) 관람하지그래요
   (7) 받지그래요

02 -(으)ㄹ 뿐만 아니라

1. (1) 한국어를 잘할 뿐만 아니라 영어도 잘한다
   (2) 글을 잘 쓸 뿐만 아니라 그림도 잘 그린다
   (3) 스키를 잘 탈 뿐만 아니라 테니스도 잘 친다

2. (1) 취향에 맞게 만들 수 있을 뿐만 아니라 친구들과 함께 먹을 수 있다
   (2) 배우를 직접 볼 수 있을 뿐만 아니라 음악을 생생하게 들을 수 있다
   (3) 집중력이 좋아질 뿐만 아니라 마음도 차분해진다

03 -(으)ㄴ/는 줄 알다/모르다

1.

기본형	-(으)ㄴ 줄 알다	-는 줄 알다
보다	본 줄 알다	보는 줄 알다
말하다	말한 줄 알다	말하는 줄 알다
읽다	읽은 줄 알다	읽는 줄 알다
듣다	들은 줄 알다	듣는 줄 알다
만들다	만든 줄 알다	만드는 줄 알다
돕다	도운 줄 알다	돕는 줄 알다
있다	X	있는 줄 알다
크다	큰 줄 알다	X
작다	작은 줄 알다	X
(학생)이다	(학생)인 줄 알다	X

2. (1) 5만 원인 줄 알았어요
(2) 아름다운 줄 몰랐어요
(3) 안 먹은 줄 알고 / 먹은 줄 모르고

04 -(으)ㄹ 때마다

1. (1) ② (2) ① (3) ④ (4) ③
(1) 갈 때마다 조각 케이크를 산다
(2) 볼 때마다 팝콘을 먹는다
(3) 받을 때마다 노래방에 가서 큰 소리로 노래를 부른다
(4) 날 때마다 고향 음식을 만든다

2. (1) 들을 때마다
(2) 늦을 때마다
(3) 만들 때마다

말해 봅시다

1. (1) ③ (2) ② (3) ① (4) ③

2. (1) ① (2) ① (3) ②

3. (1) ① (2) ① (3) ②

읽어 봅시다

1. (1) ①　(2) ②　(3) ①
2. (1) ③

써 봅시다

스키장에 가면 마치 겨울 동화 속으로 들어온 것 같은 기분이 듭니다. 스키장에서는 하얀 눈을 마음껏 볼 수 있을 뿐만 아니라 스키를 타면서 산 정상에서 아래를 내려다볼 수도 있습니다. 또 바람을 가르면서 달리면 짜릿한 속도를 느낄 수 있고, 스트레스도 해소할 수 있습니다. 스키를 타고 내려오면 마치 새가 된 것 같은 느낌이 들고 답답했던 가슴도 확 트입니다.

제4과 건강과 생활 *Health & Life*

어휘

1. (1) 앉히다　(2) 신기다　(3) 태우다　(4) 씻기다　(5) 벗기다　(6) 씌우다
2. (1) 노화　(2) 체중　(3) 혈압
3. (1) 예방하기　(2) 해로워요　(3) 과식하는　(4) 돌봐
4. (1) 불안해하지　(2) 슬퍼하겠어요　(3) 피곤해해요　(4) 지루해했어요

준비합시다

01 사동사

1. (1) 씻기세요
   (2) 끓이세요
   (3) 누워서
   (4) 준비해 주세요

(5) 갈아입히고

2. (1) 태워 주세요 (2) 감겨 주세요 (3) 깨워 주세요 (4) 신겼어요 (5) 녹여서

02 (이)든지

1. (1) 뭐든지 (2) 누구든지 (3) 어디에서든지

2. (1) 어떻게든지 (2) 언제든지 (3) 무엇이든지 (4) 어디든지 (5) 누구에게든지

03 –아/어도

1. (1) 찾아도 (2) 외워도 (3) 먹어도 (4) 생각해도

2. (1) 기다려도 (2) 찾아도 (3) 전화해도 (4) 말해도 (5) 불러도

04 –게 하다

1. (1) 3일 동안 중국 출장을 가게 하세요
   (2) 외국 손님을 마중 나가게 하세요
   (3) 회의 자료를 만들게 하세요

2. (1) 걷게 하세요 (2) 보게 하세요 (3) 쉬시게 하세요 (4) 끊게 하세요

말해 봅시다

1. (1) ③ (2) ① (3) ② (4) ③

2. (1) ② (2) ② (3) ③

3. (1) ① (2) ③ (3) ②

읽어 봅시다

1. (1) ③ (2) ③ (3) ②

2. (1) ② (2) ③

써 봅시다

불면증을 치료하기 위해 먼저 해야 하는 것 중의 하나는 수면 습관을 바꾸는 것이다. 같은 시간에 잠자리에 들고 같은 시간에 일어나야 한다. 물론 잠이 안 오겠지만 잠이 안 와도 같은 시간에 침대에 눕는 습관이 중요하다. 특히 주말에도 평일과 같은 시간에 잠자리에 들고 일어나야 한다. 그리고 절대 30분 이상 낮잠을 자지 않는다. 아무리 밤에 잠을 자지 못해서 피곤해도 30분 이상 낮잠을 자지 않는 것이 좋다.

그리고 식습관도 불면증에 영향을 준다. 우선 과식을 하지 않는 것이 좋다. 그리고 커피, 녹차, 탄산음료 같은 카페인이 든 음료도 피해야 한다. 이런 음료는 우리를 잠들지 못하게 한다. 잠자기 전에 따뜻한 우유 한 잔에 꿀을 넣어 마시는 것도 효과가 있다. 따뜻한 우유는 몸의 긴장을 풀어 주어 숙면을 취하게 한다.

제5과 도시 *City*

어휘

1. (1) 해안 도시 (2) 문화 시설 (3) 신도시

2. (1) 색다른 (2) 이름난 (3) 신중하게

3. (1) 인심이 좋다
 (2) 에너지가 넘치는
 (3) 공기가 탁하다
 (4) 즐겨 찾는
 (5) 마음을 빼앗는다

4. (1) 현대적인 (2) 역사적인 (3) 감정적으로 (4) 교육적으로

준비합시다

01 -(으)ㄴ/는 반면(에)

1. (1) 문화 시설이 많은 반면에 물가가 비싸다

(2) 집값이 싼 반면에 교통이 불편하다
(3) 월급을 많이 주는 반면에 업무가 많다
(4) 새로운 문화를 경험할 수 있는 반면에 문화가 달라 힘든 점도 있다

2. (1) 싼 반면에　(2) 따뜻한 반면에　(3) 빠른 반면에　(4) 좋아하는 반면에

02 만큼

1. (1) 서울만큼　(2) 제이슨 씨만큼　(3) 이 교실만큼　(4) 어제만큼

2. (1) 이번 여행만큼 좋은 여행은 없었다
(2) 우리 반에서 제이슨 씨만큼 열심히 공부하는 사람은 없다
(3) 인생에서 친구만큼 소중한 것은 없다
(4) 세상에서 어머니만큼 나를 이해해 주는 사람은 없다

03 -(으)ㄹ걸요

1. (1) 올걸요　(2) 시작했을걸요　(3) 많을걸요　(4) 않을걸요　(5) 왔을걸요

2. (1) 쌀걸요　(2) 올걸요　(3) 열걸요　(4) 만들었을걸요

04 -(으)ㄹ 만하다

1. (1) 부를 만해요　(2) 먹을 만한　(3) 구경할 만한

2. (1) 갈 만한　(2) 묵을 만해요　(3) 볼 만해요　(4) 탈 만해요　(5) 먹을 만해요

말해 봅시다

1. (1) ③　(2) ②　(3) ③　(4) ①

2. (1) ②　(2) 그 나라의 언어를 배울 수 있다, 새로운 경험을 할 수 있다.　(3) ③

3. (1) ①　(2) 그럼 부산하고 경주에 가 보세요　(3) ①

읽어 봅시다

1. (1) ②　(2) ①　(3) ②　(4) ①

2. (1) ①

써 봅시다

서울에는 여러 개의 고궁이 여행객들을 기다리고 있다. 경복궁, 덕수궁, 창덕궁, 경희궁 등 옛날 한국의 왕이 살던 곳을 직접 보고 느낄 수 있다. 특히 경복궁에 가면 박물관이 함께 있어 역사에 관심이 많은 사람들은 꼭 한 번 가볼 만하다.

또한 서울에는 현대적인 볼거리도 가득하다. 청계천, 63빌딩, 국립중앙박물관 등에서는 한국의 오늘의 모습을 볼 수 있다. 쇼핑도 여행객들에게는 큰 즐거움이 되는데 시설 좋은 백화점뿐만 아니라 코엑스 몰이나 동대문 시장에서의 쇼핑도 여행객들을 행복하게 할 거다.

여행에서 맛있는 음식만큼 큰 즐거움을 주는 것도 없다. 서울에서는 저렴한 가격으로 맛있는 여러 가지 음식을 맛볼 수 있다. 김치찌개, 비빔밥 등은 저렴하지만 한국 전통의 맛을 느낄 수 있는 음식이다. 좀 더 특별한 맛을 원한다면 불고기나 삼계탕도 먹을 만하다.

제6과 소식과 정보 *News & Information*

어휘

1. (1) 공고가 났다　(2) 연락이 오지　(3) 관심을 끌기 위해

2. (1) 타는데　(2) 주고받으면　(3) 남아서　(4) 챙기고

3. (1) ②　(2) ②

4. (1) 덧입었거든요　(2) 덧문　(3) 덧나요　(4) 덧버선

준비합시다

01 –ㄴ/는다고 하다

1.

기본형	평서문 과거 (–았/었다고 하다)	평서문 현재 (–(ㄴ/는)다고 하다)	평서문 미래 (–(으)ㄹ 거라고 하다)
바쁘다	바빴다고 하다	바쁘다고 하다	X
어렵다	어려웠다고 하다	어렵다고 하다	X
공부하다	공부했다고 하다	공부한다고 하다	공부할 거라고 하다
듣다	들었다고 하다	듣는다고 하다	들을 거라고 하다
살다	살았다고 하다	산다고 하다	살 거라고 하다
돕다	도왔다고 하다	돕는다고 하다	도울 거라고 하다
(친구)이다	친구였다고 하다	친구라고 하다	X
(학생)이다	학생이었다고 하다	학생이라고 하다	X

2. (1) 하오밍 씨가 이 식당은 비빔밥이 아주 맛있다고 했어요
(2) 왕치엔 씨가 김밥을 아주 좋아해서 거의 매일 김밥을 먹는다고 했어요
(3) 박영민 씨가 지난 주말에 동료들과 함께 등산을 했다고 했어요

02 –냐고 하다

1.

기본형	의문문 과거 (–았/었냐고 하다/묻다)	의문문 현재 (–냐고 하다/묻다)	의문문 미래 (–(으)ㄹ 거냐고 하다/묻다)
바쁘다	바빴냐고 하다/묻다	바쁘냐고 하다/묻다	X
적다	적었냐고 하다/묻다	적냐고 하다/묻다	X
춥다	추웠냐고 하다/묻다	춥냐고 하다/묻다	X
마시다	마셨냐고 하다/묻다	마시냐고 하다/묻다	마실 거냐고 하다/묻다
듣다	들었냐고 하다/묻다	듣냐고 하다/묻다	들을 거냐고 하다/묻다
살다	살았냐고 하다/묻다	사냐고 하다/묻다	살 거냐고 하다/묻다
돕다	도왔냐고 하다/묻다	돕냐고 하다/묻다	도울 거냐고 하다/묻다
(기자)이다	기자였냐고 하다/묻다	기자냐고 하다/묻다	X
(학생)이다	학생이었냐고 하다/묻다	학생이냐고 하다/묻다	X

2. (1) 율리아 씨가 아키라 씨에게 수업 후에 시간 있냐고 했습니다
(2) 제이슨 씨가 수진 씨에게 주말에 뭐 할 거냐고 했습니다
(3) 수진 씨가 마리 씨에게 어디에서 사냐고 했습니다

03 –자고 하다, –(으)라고 하다

1.

기본형	청유문 (–자고 하다)	명령문 (–(으)라고 하다)
공부하다	공부하자고 하다	공부하라고 하다
먹다	먹자고 하다	먹으라고 하다
살다	살자고 하다	살라고 하다
듣다	듣자고 하다	들으라고 하다
줍다	줍자고 하다	주우라고 하다

2. (1) 줄리앙 씨가 왕치엔 씨에게 오늘은 추우니까 밖에 나가지 말자고 했습니다
   (2) 선생님이 내일까지 숙제를 제출하라고 했습니다
   (3) 하숙집 아주머니가 반찬을 남기지 말라고 했습니다
   (4) 유키 씨가 마리 씨에게 사전 좀 빌려 달라고 했습니다
   (5) 제이슨 씨가 하오밍 씨에게 이 책 좀 마리 씨에게 주라고 했습니다

04 –ㄴ/는다면서요

1. (1) 넓다면서요
   (2) 잘한다면서요
   (3) 먹는다면서요
   (4) 유명하다면서요
   (5) 다녀왔다면서요

2. (1) 요리사였다면서요　(2) 그만둘 거라면서요　(3) 산다면서요　(4) 아팠다면서요

말해 봅시다

1. (1) ①　(2) ①　(3) ②　(4) ③

2. (1) ②　(2) ②　(3) ②

3. (1) ②　(2) ②　(3) ②

읽어 봅시다

1. (1) ②　(2) ①, ④, ⑤　(3) ②

2. (1) 대학생과 직장인 100명　(2) ③

써 봅시다

제 친구가 다음 달에 그곳으로 여행을 가려고 한다고 해요. 하오밍 씨에게 몇 가지를 좀 물어봐 달라고 부탁을 하네요. 제 친구 부부가 둘만 여행을 할 건데 아무래도 중국어를 못 하니까 조금 걱정이 된다고 해요. 그래서 하오밍 씨가 한국어를 잘하니까 하오밍 씨에게 안내를 부탁해도 되냐고 물어봤어요. 그리고 그곳에서 하루 정도 스쿠버 다이빙을 하고 싶은데 추천할 만한 스쿠버 다이빙 전문 여행사가 있는지 알고 싶다고 해요.

제7과 남자와 여자 *Man & Woman*

어휘

1. (1) 불평한 (2) 반복할 (3) 변명할 (4) 인정하고
2. (1) 번번이 (2) 도대체 (3) 일부러
3. (1) ② (2) ③
4. (1) 걱정스러워요 (2) 자랑스럽겠어요 (3) 자연스럽게 (4) 어른스럽게

준비합시다

01 -는 바람에

1. (1) ② (2) ① (3) ③
   (1) 급히 나오는 바람에 휴대 전화를 방에 놓고 나왔다
   (2) 전화벨이 울리는 바람에 자다가 깼다
   (3) 술을 한잔하자(고 하)는 바람에 집에 늦게 들어왔다
2. (1) 배탈이 나는 바람에
   (2) 발을 헛디디는 바람에
   (3) 잃어버리는 바람에
   (4) 지나치는 바람에

02 (이)라도

1. (1) 전화라도
   (2) 늦게라도
   (3) 지금이라도

2. (1) 2인실이라도　(2) 7시(에)라도　(3) 딸기 주스라도

03 -(으)ㄹ 텐데

1. (1) ③　(2) ②　(3) ④　(4) ①
   (1) 체할 텐데 꼭꼭 씹어서 천천히 드세요
   (2) 돈이 많이 들 텐데 인터넷 전화를 이용하세요
   (3) 피곤할 텐데 오늘은 일찍 들어가서 쉬세요
   (4) 비행기 표가 빨리 매진될 텐데 서둘러서 예매하세요

2. (1) 맛없을 텐데　(2) 도착했을 텐데　(3) 바쁠 텐데　(4) 났을 텐데

04 -아/어 버리다

1. (1) 빨아 버렸어　(2) 고장 나 버렸어요　(3) 지나 버렸어

2. (1) 끝나 버렸다　(2) 나가 버렸다　(3) 출발해 버렸다　(4) 놓쳐 버렸다

말해 봅시다

1. (1) ③　(2) ②　(3) ③　(4) ③

2. (1) ②　(2) ②　(3) ②

3. (1) ③　(2) ③　(3) ②

읽어 봅시다

1. (1) ③　(2) ①　(3) ①

2. (1) ②

써 봅시다

우선, 여자는 무엇을 살지 정하지 않고 백화점에 가는 한편 남자는 무엇을 살지 정하고 백화점에 간다. 그리고 여자는 보통 친한 친구와 함께 백화점에 가서 매장을 1층부터 돌아다닌다. 그러나 남자는 자신이 필요한 물건이 있는 매장으로 혼자 바로 간다. 그래서 여자는 물건을 하나 고르는 데 3시간이 걸리지만 남자는 30분이면 충분하다.

지은이 소개

구재희 이화여자대학교 언어교육원 강사
이화여자대학교 국어국문학과 박사

현진희 전 이화여자대학교 언어교육원 강사
상명대학교 일어일문학과 석사

이소영 전 이화여자대학교 언어교육원 강사
이화여자대학교 교육대학원 외국어로서의 한국어교육 전공 석사

김민선 전 이화여자대학교 언어교육원 전임강사
이화여자대학교 한국학과 박사

황선영 전 이화여자대학교 언어교육원 강사
이화여자대학교 한국학과 박사